# L'AGRICULTURE ALGÉRIENNE

## Histoire et perspectives innovantes

QUESTIONS ALIMENTAIRES ET GASTRONOMIQUES
Collection dirigée par Kilien Stengel,
*ancien professionnel des secteurs alimentation et gastronomie,*
*enseignant et chercheur de l'université de Tours*
*spécialisé sur le fait culinaire et œnologique*

Cette collection d'ouvrages culturels, économiques, historiques, sociologiques, anthropologiques, ou techniques, contribue aux progrès de la recherche et de la réflexion sur les cultures alimentaires et gastronomiques. Ouverte sur le monde, elle permet de mieux comprendre les rapports entre l'homme et son alimentation. Ici, il n'est pas seulement question de cuisine, on se positionne à la frontière de ce qui rapproche ou sépare l'alimentation de la gastronomie, les représentations du bon et du bien-manger, le patrimoine et l'authenticité, le terroir et les identités alimentaires. Autant d'imaginaires qui hantent nos assiettes, comme nos verres.

Dernières parutions

Kilien STENGEL, *Le mythe de la gastronomie. Une nourriture de l'esprit*, 2025

Kilien STENGEL, *Manger, c'est penser. Une philosophie de l'alimentation*, 2025

Nato MAMUKASHVILI, *Les climats de Bourgogne et la méthode de vinification en Géorgie. Entre terroirs et traditions*, 2025.

Sélénie RIMAUD, *L'insecte, un aliment en débat. L'entomophagie en Europe : enjeux culturels et institutionnels,* 2025.

Thomas-Frank BANCÉ, *La nouvelle société sucrière de la COMOÉ au Burkina Faso. Un patrimoine industriel à valoriser*, 2025.

Olivier BORNEUF, *Le temps d'un vin*, 2025.

Oudah YOBOM, *Nourrir le Sahel aujourd'hui et demain. Politiques, stratégies et innovations*, 2025.

Corentin DELON, *L'avenir de la culture viticole française : entre tradition et réglementation*, 2025.

Christophe RABU, *Les grands chefs cuisiniers et leur temps. Le goût de l'Histoire du Moyen Âge à nos jours*, 2024.

Mohamed SADOUD, *Perception de la viande rouge par le consommateur algérien*, 2024.

Aomar Belkacem Benounnane

# L'AGRICULTURE ALGÉRIENNE

## Histoire et perspectives innovantes

L'Harmattan

5-7, rue de l'École-Polytechnique - 75005 Paris
www.editions-harmattan.fr
ISBN : 978-2-336-55052-7
EAN : 9782336550527

## SOMMAIRE

Avant-propos ..... 13
Introduction ..... 15

**PREMIÈRE PARTIE : Période coloniale (1830-1962)**

CHAPITRE I ..... 19
1. Expropriation des terres ..... 19
   1.1 La phase d'expropriation ..... 19
   1.2 Mémoire et résistance locale ..... 20
2. Cadre juridique de l'expropriation ..... 22
   2.1 Sénatus-consulte de 1863 ..... 22
   2.2 Code de l'indigénat (1881) ..... 23

CHAPITRE II ..... 25
1. Mécanismes d'achat de terre et fraudes administratives ..... 25
   1.1 Mécanismes d'achat de terres ..... 25
   1.2 Fraudes administratives ..... 25
   1.3 Attribution massive des terres aux colons ..... 28
2. Colonisation agraire et marginalisation ..... 30
   2.1 Colonisation rurale et rejet des communautés locales ..... 30
   2.2 Travail forcé ..... 31

**DEUXIÈME PARTIE : Période post-coloniale**

CHAPITRE I ..... 37
1. Héritage et réformes ..... 37
2. Les premières réformes (1962-1971) ..... 38
   2.1 Nationalisation des terres agricoles ..... 38
   2.2 Redistribution et collectivisation ..... 39
3. Les réformes agricoles des années 1970 (1971-1980) ..... 40
   3.1 Réforme agraire de 1971 ..... 40
   3.2 Développement rural et modernisation ..... 41
   3.3 Contraintes et limites ..... 41
4. Nouveau mode d'exploitation des terres agricoles : la loi 87-19 ..... 42
   4.1 La loi 87-19 ..... 42
   4.2 Objectifs et principes ..... 42
   4.3 Articles clés de la loi ..... 43

CHAPITRE II....................................................................45
1. La période de 1980 à 2000....................................................45
1.1 Défis économiques et sociaux..........................................45
1.2 Analyse détaillée des problèmes......................................45
1.3 Nature juridique des terres...............................................46
2. Analyse des réformes agricoles en Algérie...........................51
2.1 Modernisation et diversification.......................................51
2.2 Développement rural.........................................................51
2.3 Enjeux environnementaux..................................................51

CHAPITRE III...................................................................53
1. Modernisation et diversification après 2000........................53
1.1 Programme de renouveau agricole et rural, 2000............53
1.2 Modernisation des équipements et techniques agricoles....
1.3 Diversification des cultures et semences améliorées.......53
1.4 Impact rural.......................................................................54
2. Circulaires et réformes clés (2009-2020)..............................54
2.1 Irrigation moderne.............................................................55
2.2 Formation agricole............................................................60
2.3 Décrets exécutifs 20-128 et 20-130.................................70
3. Résultats et évolution.............................................................75
3.1 Expansion des surfaces irriguées.....................................75
3.2 Diversification agricole....................................................76
3.3 Objectifs futurs.................................................................76
3.4 Développement des exportations.....................................77
3.5 Promotion des cultures stratégiques................................78

**TROISIÈME PARTIE : Défis, causes et obstacles structurels**

CHAPITRE I.....................................................................83
1. Les problèmes et défis principaux.........................................83
1.1 Abandon des terres et spéculation foncière......................83
1.2 Perte de savoir-faire agricole............................................83
1.3 Chômage et exode rural...................................................83
1.4 Spéculation foncière.........................................................83
2. Problèmes financiers et infrastructures rurales.......................83
2.1 Accès insuffisant aux financements.................................83
2.2 Infrastructures défaillantes...............................................84
3. Équipements obsolètes et manque de formation.....................84
3.1 Rendements faibles...........................................................84

3.2 Pénurie de formation....84
4. Exode rural et changements climatiques....84
4.1 Vieillissement démographique....84
4.2 Conflits familiaux....84
4.3 Déclin de la main-d'œuvre agricole....84
4.4 Changements climatiques....85

CHAPITRE II....87
1 Causes et conséquences des obstacles structurels....87
1.1 Difficulté d'accès aux crédits bancaires....87
1.2 Coûts élevés des intrants....87
1.3 Subventions mal réparties....87
1.4 Héritage et succession....87
2. Gestion des ressources naturelles....88
3. Conséquences sociales et économiques....88

CHAPITRE III....89
1.Propositions et recommandations....89
1.1 Renforcer la gestion des conflits en milieu agricole....89
1.2 Communication et médiation....89
1.3 Plans clairs et accords écrits....89
2.Création de zones de développement agricole....89
2.1 Identification des zones prioritaires....90
2.2 Études de faisabilité....90
2.3 Implication des parties prenantes....92
2.4 Évolution à long terme....92
3. Formation et innovation pour les agriculteurs....93
3.1 Programmes de formation continue....93
3.2 Soutien technique personnalisé....95
3.3 Accès facilité aux intrants agricoles....95
3.4 Modèle concret....98
4. Planification économique et renforcement des structures étatiques....98
4.1 Renforcement institutionnel....98
4.2 Coordination intersectorielle....99
4.3 Planification économique à long terme....99
5. Encouragement à l'innovation et à la recherche....100
5.1 Usage efficace des ressources....100
5.2 Cultures adaptées aux contraintes climatiques....100
5.3 Stratégies agricoles durables....100

**QUATRIÈME PARTIE :**
**Réformes internationales et modèles réussis**

CHAPITRE I Le Brésil ........ 105
1. Expansion et recherche scientifique ........ 105
1.1 Création de l'Embrapa ........ 105
1.2 Recherches et transformation des sols ........ 105
1.3 Développement des technologies agricoles ........ 105
2. Exploitation des terres fertiles ........ 106
2.1 La transformation du Cerrado ........ 106
2.2 Projections et impact global ........ 106
3. Expansion et exportation ........ 106
3.1 Soja ........ 107
3.2 Viande bovine ........ 107
3.3 Café ........ 107
4. Résultats obtenus ........ 107
4.1 Augmentation des rendements agricoles ........ 107
4.2 Impact économique et commercial ........ 108

CHAPITRE II La France ........ 111
1. Diversité des cultures et les politiques publiques ........ 111
1.1 Politique agricole commune (PAC) ........ 111
1.2 Modernisation des techniques agricoles ........ 111
1.3 Amélioration de la compétitivité sur le marché européen 112
1.4 Développement et contraintes ........ 112
2. Diversification et mécanisation ........ 112
2.1 Diversification ........ 112
2.2 Mécanisation et innovation ........ 113
3. Développement durable ........ 113
4. Résultats obtenus ........ 113
4.1 Autosuffisance alimentaire ........ 113
4.2 Répartition de l'agriculture en France ........ 113
4.3 Enseignements pour l'Algérie ........ 114

CHAPITRE III Les Pays-Bas ........ 117
1. Un modèle d'agriculture innovante et durable ........ 117
2 Contexte historique ........ 117
3. Techniques clés et innovation ........ 117
3.1 Agriculture sous serre ........ 117
3.2 Utilisation de l'intelligence artificielle et des capteurs . 118

3.3 Économie circulaire ........................................................ 118
3. Résultats obtenus ............................................................ 119

CHAPITRE IV - Analyse comparative ...................................... 119
1. Pays-Bas : technologie avancée.............................................. 122
2. France : diversité et politiques publiques ............................... 122
3. Brésil : expansion agricole...................................................... 122
4. Algérie : potentiel agricole à valoriser..................................... 123
4.1 Des conditions favorables à l'agriculture.......................... 123
4.2 Axes de modernisation ...................................................... 123
4.3 Valorisation des savoir-faire traditionnels ........................ 123

Conclusion.................................................................................. 125
Références bibliographiques ...................................................... 127

# Avant-propos

Déjà en 1992, j'écrivais…

Agriculture / Pour des zones de développement

OPINIONS

AGRICULTURE / Pour des zones de développement

En tant que passionné du secteur agricole en Algérie, mon histoire avec l'agriculture débute bien avant que j'entame ce livre. Déjà en 1992, j'écrivais avec conviction sur les crises profondes qui traversaient ce domaine, ainsi que sur les moyens de le revitaliser. À travers mes recherches et mes réflexions, j'ai toujours été animé par une volonté inébranlable : celle de redonner à l'agriculture algérienne sa place centrale dans la société et de la transformer en un pilier économique capable de soutenir les générations futures.

Depuis plus de trois décennies, mon engagement se nourrit des défis que j'ai observés sur le terrain : des terres abandonnées, des agriculteurs désabusés, des structures étatiques déconnectées. Ces problématiques, loin de me décourager, m'ont poussé à réfléchir à des solutions concrètes. Ce livre est le fruit de cette réflexion, mais aussi de mon expérience et de mes rencontres avec des hommes et des femmes qui, malgré les difficultés, ont su préserver leur lien à la terre.

Ce livre n'est pas seulement une analyse : c'est une vision. Il aspire à inspirer des changements, à mobiliser les acteurs du secteur, et à reconnecter l'agriculture algérienne avec ses potentiels inexploités. C'est un appel à réinventer notre rapport à la terre et à l'alimentation, en imaginant un avenir où l'agriculture devient un moteur de prospérité, un symbole de résilience, et un exemple d'innovation.

À travers cet ouvrage, je souhaite partager avec vous une partie de mon cheminement, mes observations, mais surtout mes espoirs pour ce secteur vital. Il est temps de croire en notre capacité collective à relever ces défis et à bâtir un avenir durable pour notre agriculture.

# Introduction

Le secteur agricole en Algérie a traversé de nombreuses étapes et réformes au cours des dernières décennies, chacune ayant pour objectif d'améliorer la productivité et la gestion des terres. Cependant, malgré ces efforts, de nombreux défis persistent, plaçant l'agriculture au cœur des préoccupations économiques et sociales. Ce livre a pour ambition d'explorer les différents aspects de l'agriculture algérienne, en analysant les causes des conflits et des litiges liés aux terres agricoles, tout en proposant des solutions pour un avenir prospère et durable. Depuis l'indépendance en 1962, l'agriculture a été considérée comme un pilier essentiel de l'économie nationale. Cependant, les premières réformes agraires visant à redistribuer les terres aux agriculteurs ont souvent été entravées par des problèmes structurels, notamment un manque de modernisation et une gestion inefficace. Par exemple, malgré une augmentation de 26 % des rendements céréaliers entre 2010 et 2017, la production reste insuffisante pour répondre à la demande croissante. L'introduction de la loi 87-19 en 1987 a marqué un tournant en instaurant un nouveau mode d'exploitation des terres agricoles du domaine national, basé sur des exploitations agricoles collectives (EAC) et individuelles (EAI). Cette réforme, bien qu'ambitieuse, a engendré des conflits récurrents liés au bornage, à la délimitation des parcelles et à la répartition des ressources, compromettant ainsi son efficacité. Comme l'a souligné un agriculteur du Sud algérien, « Nous avons hérité de la terre, mais sans les outils ni les ressources pour en tirer le meilleur ». Cette phrase illustre l'ampleur des obstacles auxquels les exploitants agricoles font face. Aujourd'hui, le secteur agricole est confronté à des défis majeurs : le manque de moyens, l'abandon des terres fertiles, la spéculation foncière, et des conflits entre les membres des exploitations collectives. De plus, les structures étatiques, censées accompagner les agriculteurs, souffrent souvent de démobilisation et d'une coordination inefficace, aggravant les tensions. Ce livre se propose d'analyser de manière approfondie ces dilemmes en explorant les différentes étapes du développement agricole en

Algérie. Bien que certaines idées ou analyses puissent converger avec des rapports ou études existants, cet ouvrage est une réflexion personnelle qui s'appuie sur des données accessibles pour proposer une vision unique et critique. Les informations présentées sont développées dans mon propre style et dans le cadre de ma réflexion, tout en respectant les sources publiques et académiques qui ont enrichi ce travail. À travers des études de cas spécifiques, des données statistiques et des comparaisons internationales, cet ouvrage vise à éclairer les enjeux complexes du secteur tout en offrant des recommandations pratiques et innovantes. Nous espérons ainsi inspirer un renouveau agricole qui, tout en répondant aux besoins alimentaires du pays, positionnera l'Algérie comme un acteur compétitif sur les marchés internationaux.

# PREMIÈRE PARTIE

*

# Période coloniale (1830-1962)

# CHAPITRE I

Dominance de l'agriculture coloniale : Pendant la période coloniale, l'agriculture en Algérie était largement contrôlée et exploitée par le système colonial, avec des conséquences profondes pour les populations :

## 1. Expropriation des terres

### 1.1 La phase d'expropriation

La phase d'expropriation des terres en Algérie a constitué un tournant historique parmi les plus marquants et destructeurs pour l'agriculture traditionnelle algérienne. Cette politique coloniale, initiée dès 1830 par l'armée française, a profondément bouleversé les structures sociales, économiques et culturelles du pays, laissant un héritage douloureux qui continue de marquer les générations.

Dès l'arrivée des troupes françaises, les terres appartenant aux populations algériennes, en particulier celles situées dans des régions jugées stratégiques ou fertiles, furent massivement confisquées. Ces confiscations, souvent accompagnées d'un usage brutal de la force, avaient pour objectif de redistribuer ces terres aux colons français nouvellement arrivés. Les plus riches plaines agricoles, autrefois exploitées selon des méthodes ancestrales adaptées à l'écosystème local, furent accaparées pour être transformées en vastes domaines coloniaux.

Les villages et communautés locales, contraints à l'exil ou dispersés, furent déplacés de manière systématique. Cette désorganisation brutale eut des répercussions désastreuses sur les systèmes agricoles traditionnels. La perte de leurs terres empêcha de nombreux agriculteurs algériens de poursuivre leur mode de vie, provoquant une rupture avec leurs savoir-faire agricoles transmis depuis des générations. En parallèle, les politiques d'exploitation intensives mises en œuvre par les colons, souvent peu soucieux des dynamiques naturelles, exacerbèrent la dégradation des sols et appauvrirent les ressources locales.

Impact humain et social :

- Déracinement et marginalisation : Le déplacement forcé des populations rurales vers des zones infertiles a non seulement altéré leur mode de vie, mais a aussi renforcé leur appauvrissement.
- Rupture culturelle : L'expropriation des terres, symboles d'identité et de survie, a marqué une perte profonde d'héritage culturel et de pratiques agricoles traditionnelles, provoquant une désorientation sociale.
- Fracture socio-économique : Les agriculteurs, dépourvus de leurs moyens de subsistance, sont devenus économiquement dépendants du système colonial, amplifiant les inégalités.

Ce processus d'expropriation ne fut pas seulement une dépossession matérielle, mais également un acte de spoliation identitaire. Les terres, symboles de survie et d'appartenance pour les communautés algériennes, devinrent les témoins silencieux d'un bouleversement irréversible qui marqua durablement le tissu social et la mémoire collective du pays.

- Dès les premières années de la colonisation, environ 176 166 hectares de terres ont été confisqués dans toute la régence.
- En 1863, des ordonnances ont permis à l'État colonial de séquestrer des terres, notamment celles des tribus en rébellion ou accusées de soutenir l'ennemi.
- Les terres fertiles, comme celles de la Mitidja, du Sahel et des plaines d'Oran, furent massivement confisquées sous prétexte de non-exploitation.

## 1.2 Mémoire et résistance locale

Dans le cadre de ce livre, nous avons choisi de citer trois leaders emblématiques de la résistance afin de mettre en lumière des figures représentatives et de faciliter l'illustration des différentes formes que cette lutte a pu prendre. Cependant, ce choix ne reflète en aucun cas une hiérarchie ou une réduction de l'importance des autres leaders, dont les contributions individuelles et collectives restent tout aussi cruciales. Face à l'expropriation, les Algériens ont opposé une résistance multiple, allant de la contestation juridique à la révolte armée. Des figures emblématiques comme l'émir Abdelkader ont organisé des mouvements de lutte contre l'occupation. Les tribus et familles locales ont souvent trouvé des moyens de préserver leur patrimoine en utilisant des stratégies de contournement, comme les ventes fictives ou le regroupement de terres sous une propriété commune. Cette résistance s'est inscrite dans une dynamique de préservation de l'identité et de la souveraineté culturelle des populations algériennes.

Cette sélection vise à illustrer des exemples spécifiques, tout en reconnaissant pleinement que la résistance a été le fruit d'un effort multiforme et collectif, nourri par la bravoure et l'engagement de nombreuses figures, souvent méconnues, mais tout aussi fondamentales dans cette lutte.

## CHEIKH EL MOKRANI (RÉVOLTE DE 1871)

**Contexte historique**

Cheikh El Mokrani fut l'un des principaux acteurs de la révolte de 1871 contre l'occupation coloniale. Sa lutte était motivée par le refus de l'expropriation massive des terres et la marginalisation des populations algériennes.

**Impact et héritage**

Bien que réprimée violemment, la révolte d'El Mokrani a laissé un héritage de fierté nationale et de résistance. Elle montre comment les leaders locaux pouvaient mobiliser leurs communautés face à un adversaire puissant.

**Analyse critique**

Le sacrifice d'El Mokrani a contribué à la prise de conscience collective et à la mémoire partagée des luttes foncières, toujours pertinentes aujourd'hui.

## LALLA FATMA N'SOUMER

**Contexte historique**

Figure emblématique de la résistance, Lalla Fatma N'Soumer a joué un rôle crucial dans la lutte contre les expropriations et les injustices coloniales en Kabylie.

**Rôle dans la société**

En tant que femme leader, elle a brisé les normes traditionnelles, devenant un symbole de résilience et de détermination.

**Analyse contemporaine**
Aujourd'hui, elle est célébrée non seulement pour son rôle dans la résistance, mais aussi comme une inspiration pour les femmes dans leur quête d'émancipation et de participation active dans la société.

MESSALI HADJ (LEADERSHIP AGRICOLE ET POLITIQUE)

**Contexte historique**
Messali Hadj, bien qu'associé principalement à la lutte pour l'indépendance politique, a également plaidé pour l'amélioration des conditions économiques des agriculteurs algériens, qu'il considérait comme la base du développement national.

**Vision sociale et économique**
Il a milité pour une redistribution juste des terres après l'indépendance, mettant en avant le rôle central de l'agriculture dans la souveraineté nationale.

- Préservation des traditions agricoles : Même dans des conditions difficiles, des communautés ont persisté à pratiquer leurs méthodes ancestrales comme un acte de résistance culturelle.
- Actes discrets de sabotage : Des sabotages ciblés sur les infrastructures coloniales ont montré une opposition subtile mais déterminée aux injustices.
- Mobilisation sociale et émergence de leaders : Des figures locales se sont distinguées en organisant des réseaux de soutien et de protestation contre les abus fonciers.

## 2. Cadre juridique de l'expropriation

### 2.1 Sénatus-consulte de 1863

Ce texte avait pour objectif de restructurer la propriété foncière en Algérie en divisant les terres dites « collectives » des tribus en terres privées, facilitant ainsi leur appropriation par les colons. Il ouvrit la voie à la vente et au transfert des terres des Algériens vers des colons français, souvent à bas prix ou sous la contrainte. La fragmentation des terres en propriétés individuelles rendit les biens fonciers algériens plus vulnérables aux manipulations et pressions. Les habitants, souvent dépourvus des ressources nécessaires pour s'adapter aux nouvelles lois ou pour défendre leurs droits, furent contraints de céder leurs parcelles. Ces ventes, orchestrées dans un contexte d'injustice et d'inégalités, furent souvent conclues à des prix dérisoires ou sous la menace de sanctions.

Impacts humains et sociaux :

- Perte de cohésion tribale : La fragmentation des terres a détruit les structures communautaires ancestrales, provoquant une désintégration sociale et culturelle dans les régions rurales.
- Appauvrissement systématique : Les agriculteurs algériens, privés de leurs ressources naturelles, furent plongés dans une dépendance économique accrue vis-à-vis du système colonial.

Le Sénatus-consulte de 1863 ne fut pas qu'un outil juridique : il devint un levier de dépossession systématique. En bouleversant l'organisation foncière ancestrale, il entraîna une désintégration des liens communautaires et tribaux, tout en fragilisant davantage les populations locales face à la domination coloniale. Ses répercussions se firent sentir bien au-delà de l'époque, laissant un impact durable sur l'équilibre économique et social de l'Algérie.

### 2.2 Code de l'indigénat (1881)

Le Code de l'indigénat, instauré par les autorités coloniales françaises en 1881, représentait un ensemble de lois discriminatoires visant à contrôler et réprimer les populations locales dans les colonies, y compris l'Algérie. Ce système juridique particulier créait une distinction profonde entre les citoyens français, jouissant de droits et de privilèges, et les Algériens, réduits au statut « d'indigènes » soumis à des règles d'exception.

L'un des objectifs principaux de ce code était de maintenir une domination économique et sociale sur les Algériens en limitant leur accès aux ressources vitales, notamment les terres agricoles. Les populations locales furent progressivement exclues des meilleures terres, souvent confisquées et redistribuées aux colons européens. Cette dépossession s'accompagna d'une marginalisa-

tion des Algériens, contraints de survivre sur des terres moins fertiles ou insuffisantes pour subvenir à leurs besoins.
Le Code de l'indigénat imposait également un fardeau financier écrasant sur les populations algériennes à travers des taxes exorbitantes. Ces impôts, spécifiques aux « indigènes », étaient souvent arbitraires et destinés à financer les infrastructures et projets profitant essentiellement aux colons. Par ailleurs, les Algériens étaient soumis à des obligations forcées, telles que des travaux d'intérêt public non rémunérés, aggravant encore leur situation économique déjà précaire.
Ce système inégalitaire renforça non seulement l'exploitation et la paupérisation des Algériens, mais il contribua également à un profond sentiment d'humiliation et d'injustice. Il symbolise aujourd'hui l'un des aspects les plus oppressifs de la domination coloniale, ayant laissé des traces durables dans la mémoire collective.

# CHAPITRE II

## 1. Mécanismes d'achat de terres et fraudes administratives

### 1.1 Mécanismes d'achat de terres

Dans le cadre de la colonisation française en Algérie, des mécanismes d'achat de terres furent mis en place pour faciliter l'acquisition de propriétés par les colons européens, souvent à des prix dérisoires.
Ces dispositifs étaient rarement équitables et avaient pour but de consolider la domination coloniale sur les ressources foncières. Les ventes se faisaient fréquemment sous la contrainte, dans des conditions qui exploitaient la vulnérabilité des populations algériennes.
Parallèlement, les fraudes administratives devinrent une pratique courante, accentuant encore les injustices. Les systèmes bureaucratiques, complexes et souvent biaisés en faveur des colons, constituaient un véritable obstacle pour les populations locales cherchant à préserver leurs droits sur leurs terres. Des documents falsifiés, des décisions arbitraires et des abus de pouvoir étaient monnaie courante, laissant les Algériens pratiquement impuissants face à ces pratiques.
Ces injustices administratives facilitaient le transfert de vastes superficies de terres fertiles, privant les communautés algériennes de leur principal moyen de subsistance. Cette spoliation, orchestrée sous des apparences de légalité, engendra des tensions sociales profondes et une précarisation accrue des populations locales. Elle marqua également un point de rupture dans le tissu socio-économique traditionnel de l'Algérie, renforçant l'assujettissement des habitants à l'autorité coloniale.

### 1.2. Fraudes administratives

Les fraudes administratives représentaient l'un des principaux outils employés par l'administration coloniale pour priver les populations locales de leurs terres, souvent sous couvert de procédures légales trompeuses. Ces pratiques, soigneusement dissimulées derrière un cadre bureaucratique complexe et biaisé, avaient des conséquences dévastatrices : elles facilitaient le transfert de propriétés agricoles aux colons européens tout en rendant presque impossible toute contestation de la part des Algériens.

- Falsification de documents officiels : Les autorités coloniales falsifiaient des titres de propriété et des actes notariés, rendant impossible toute réclamation des populations locales. Ces manipulations incluaient la rétro datation des documents, la suppression de clauses protégeant les droits des propriétaires locaux ou encore l'ajout de mentions frauduleuses permettant de justifier une confiscation.
  Exemple concret : Dans la vallée de la Mitidja, de nombreux villages ont vu leurs terres déclarées « propriétés vacantes » à cause de documents altérés. Ces terres furent rapidement attribuées aux colons pour y développer des cultures de rente
- Confiscation arbitraire : Sous prétexte de non-paiement de taxes élevées, imposées spécifiquement aux indigènes, l'administration coloniale confisquait des terres sans tenir compte des réalités économiques ou climatiques qui empêchaient les agriculteurs de s'acquitter de ces impôts. Ces confiscations ont accentué l'appauvrissement des communautés locales et renforcé leur dépendance au système colonial. Cela a également marqué une rupture dans leur organisation sociale traditionnelle.
  Ces falsifications administratives étaient souvent accompagnées d'autres stratégies frauduleuses, telles que l'usage de prête-noms, qui ont permis d'étendre la domination coloniale.

Usage de prête-noms :

Stratégie frauduleuse : Des colons utilisaient des Algériens comme prête-noms pour contourner les limites légales sur l'acquisition de terres. Ces pratiques permettaient aux Européens d'accumuler des propriétés considérables tout en dissimulant leurs intentions.

Conséquence : Cette méthode a permis de concentrer la propriété foncière entre les mains d'un petit nombre de colons, exacerbant les inégalités.

Corruption et pots-de-vin :

Impunité généralisée : De nombreux fonctionnaires locaux acceptaient des pots-de-vin pour délivrer des certificats de propriété ou approuver des transactions illégales.
Ces actes accentuaient la marginalisation des Algériens, qui ne pouvaient rivaliser avec le pouvoir économique des colons.
Impact sur la justice foncière : Ces pratiques ont sapé la crédibilité de l'administration et fait émerger un sentiment durable d'injustice parmi les populations locales

Non-respect des droits coutumiers :

Le système colonial a systématiquement ignoré les droits fonciers traditionnels, basés sur les structures tribales ou communautaires, pour imposer un cadre légal incompatible avec les pratiques locales. Ces terres, souvent exploitées selon des méthodes collectives qui renforçaient la cohésion sociale, étaient déclarées « non exploitées » ou « sans maître » par l'administration coloniale. Cette décision arbitraire permettait de les redistribuer aux colons européens sous couvert de légalité.

Impact sur les populations locales :

* Perte de savoir-faire traditionnels : Les méthodes agricoles transmises de génération en génération, adaptées aux spécificités des sols et du climat, furent rapidement marginalisées, entraînant une réduction de la diversité et de l'efficacité agricole.
* Érosion des relations communautaires : La gestion collective des terres, qui était au cœur de l'organisation sociale, fut remplacée par des structures individuelles imposées par le système colonial, brisant les liens communautaires.
* Dislocation culturelle : En privant les communautés de leur territoire ancestral, le système colonial ne s'est pas seulement attaqué à leurs moyens de subsistance, mais aussi à leurs traditions et à leur identité, ancrées dans la gestion foncière. Ce non-respect des droits coutumiers illustre la stratégie coloniale visant

à dominer non seulement économiquement, mais aussi culturellement les populations locales, provoquant une rupture durable dans les modes de vie traditionnels.

### 1.3. Attribution massive des terres aux colons

Sous l'administration coloniale française, une vaste politique d'expropriation des terres agricoles fut mise en œuvre, ciblant particulièrement les terrains fertiles appartenant aux populations locales. Ces terres, une fois confisquées, furent attribuées à des colons européens dans le cadre de programmes incitatifs soigneusement orchestrés par l'État français. Ces initiatives visaient à promouvoir la colonisation en attirant des familles en provenance non seulement de France, mais aussi d'autres pays d'Europe méridionale, comme l'Italie et l'Espagne, où la pression économique poussait de nombreuses familles à chercher de nouvelles opportunités.

#### a. Organisation des attributions et mesures incitatives :

Les terres confisquées aux Algériens étaient souvent divisées en lots attribués aux colons, qui bénéficiaient d'importants avantages offerts par l'État colonial :

- Prêts agricoles et subventions : Les colons recevaient des aides financières pour développer les exploitations, incluant des prêts à taux réduit et des subventions destinées à la construction d'infrastructures agricoles.
- Fourniture d'équipements et de semences : Les autorités leur procuraient également des outils modernes et des semences pour maximiser la rentabilité des terres.
- Exemptions fiscales : Les colons jouissaient d'exonérations d'impôts, leur permettant de dégager des bénéfices tout en renforçant leur emprise sur l'économie agricole locale.

  Grâce à ces conditions avantageuses, de grandes exploitations agricoles virent le jour, structurées autour de cultures de rente destinées à alimenter les marchés européens. Ces fermes se spécialisèrent dans des productions stratégiques comme :
- La vigne pour le vin : L'Algérie devint l'un des plus grands exportateurs de vin pour le marché français.

- Les agrumes : Les oranges et les citrons produits en Algérie alimentaient massivement l'industrie agroalimentaire européenne.
- Le blé et les céréales : Destinés à répondre aux besoins croissants en matières premières dans les pays industrialisés.

b. Conséquences socio-économiques et environnementales :

La mise en œuvre de cette politique d'attribution des terres eut des répercussions profondes et souvent néfastes sur les populations locales et l'environnement :

- Marginalisation des agriculteurs algériens : Les familles algériennes spoliées de leurs terres furent reléguées à une main-d'œuvre exploitée dans des conditions précaires, travaillant souvent sur les exploitations qui leur avaient été confisquées.
- Renforcement des inégalités : Tandis que les colons prospéraient grâce aux politiques coloniales, les populations locales s'enfonçaient dans la pauvreté, aggravant la fracture sociale.
- Dégradation des ressources naturelles : Les méthodes agricoles intensives adoptées par les colons, souvent mal adaptées aux écosystèmes locaux, épuisèrent les sols et perturbèrent les équilibres environnementaux.

c. Perspective historique :

La réorganisation de l'agriculture algérienne sous l'occupation coloniale entraîna un profond bouleversement des paysages ruraux et des modes de vie traditionnels.

Les anciennes structures agricoles, fondées sur la gestion collective des terres par les tribus et les familles, furent progressivement démantelées pour laisser place à des exploitations modernes européennes, calquées sur le modèle intensif et productiviste de l'agriculture occidentale. Ce changement, bien au-delà d'une simple réorientation économique, s'inscrivait dans une logique de domination et de contrôle, où les terres devenaient un outil stratégique pour asseoir l'autorité coloniale et marginaliser les populations locales. En attribuant massivement les terres aux colons, l'administration française non seulement renforça l'implantation européenne, mais affaiblit aussi le tissu social et culturel algérien, en supprimant les liens ancestraux entre les habitants et leur environnement agricole. L'économie rurale, autrefois basée sur une diversité de pratiques adaptées aux conditions climatiques et aux savoir-faire locaux, se retrouva remplacée par des méthodes imposées, souvent inadaptées aux réalités du territoire. De plus, cette mutation forcée accentua les inégalités et les tensions sociales, privant de nombreux agriculteurs algériens de leur principal moyen de subsistance. Ainsi, la terre, jadis symbole de stabilité et de cohésion, devint un enjeu politique et identitaire majeur, nourrissant un ressentiment profond qui allait ultérieurement alimenter les luttes pour l'indépendance.

## 2. Colonisation agraire et marginalisation

### 2.1 Colonisation rurale et rejet des communautés locales

Les autorités françaises mirent en place des villages agricoles entièrement réservés aux colons, équipés d'infrastructures modernes pour l'époque (routes, canaux d'irrigation).
Les Algériens furent exclus de ces projets et relégués aux marges rurales.
Les terres expropriées représentaient la plupart des régions agricoles à fort potentiel, laissant les Algériens sur des terrains arides ou peu productifs. Ce déséquilibre territorial renforça la mise à l'écart économique des populations locales et limita considérablement leur capacité à pratiquer une agriculture de subsistance. En conséquence, les Algériens furent contraints de se tourner vers des activités de survie ou d'accepter des emplois précaires.
Les colons privilégiaient des cultures destinées à l'exportation vers la France, transformant ainsi la vocation agricole de l'Algérie pour servir les besoins de la métropole.
Cette réorganisation agricole eut des conséquences désastreuses pour les populations locales. En réduisant la production alimentaire destinée à l'autoconsommation, elle aggrava l'insécurité alimentaire des populations indigènes, les rendant encore plus vulnérables face aux aléas économiques et aux disettes.

Impact humain et social :

- Déplacement des communautés rurales : Les Algériens furent contraints d'abandonner leurs terres ancestrales et leur mode de vie traditionnel, basé sur une agriculture communautaire. Ces déplacements massifs accentuèrent l'appauvrissement des familles rurales.
- Exode rural : Beaucoup migrèrent vers des zones urbaines, en quête d'opportunités, ou vers des régions isolées, augmentant les disparités sociales et territoriales.
- Désintégration culturelle : La perte des terres et la mise à l'écart des communautés locales entraînèrent une rupture avec les savoir-faire agricoles et les traditions transmises de génération en génération.

2.2 Travail forcé

Avec la confiscation des terres, de nombreux Algériens devinrent ouvriers agricoles, exploités comme main-d'œuvre bon marché pour travailler dans les grandes propriétés coloniales. Cette exploitation se manifestait par plusieurs formes de domination économique et sociale.

a. Exploitation de la main-d'œuvre indigène :

- Métayage inéquitable : Les relations de métayage, profondément injustes, forçaient les agriculteurs algériens à cultiver des terres qu'ils ne possédaient pas. Contraints de céder une part significative de leurs récoltes aux propriétaires colons, ils restaient enfermés dans un cercle de dépendance et de pauvreté.
- Conditions de travail difficiles : Les ouvriers agricoles indigènes travaillaient dans des conditions pénibles, souvent sous-payés et sans droits ni protections. L'accès à la propriété foncière leur était quasiment impossible, créant un cycle de pauvreté perpétuelle.

b. Création d'une fracture sociale :

Cette exploitation ne fit qu'accentuer la fracture entre les colons, qui jouissaient de privilèges économiques et sociaux, et les populations locales appauvries. Les descendants des colons, souvent dans des positions socio-économiques avantageuses, bénéficièrent à long terme des structures mises en place sous le régime colonial. En revanche, les communautés algériennes, marginalisées et privées de ressources, furent contraintes de lutter pendant plusieurs décennies pour récupérer leurs droits.

c. Héritage de l'injustice :

- Inégalités persistantes : Les politiques d'exclusion économique coloniale ont laissé des séquelles durables sur le développement socio-économique de l'Algérie, avec un fossé important entre les classes sociales.
- Conséquences à long terme : Même après l'indépendance en 1962, les séquelles laissées par la colonisation dans le secteur agricole algérien ont persisté pendant de nombreuses décennies. L'accaparement des terres par les colons, la désorganisation des structures traditionnelles de gestion foncière et la marginalisation des agriculteurs autochtones ont créé des déséquilibres profonds qui ne pouvaient être corrigés du jour au lendemain. Les terres agricoles, autrefois au cœur du tissu social et économique des communautés rurales, avaient été remodelées selon un système qui privilégiait la productivité au détriment de la pérennité et de l'équité. Ainsi, même après l'indépendance, de nombreux agriculteurs algériens ont continué à souffrir d'un accès limité aux ressources, d'un manque de soutien technique et d'une précarité qui freinait toute initiative de développement. Pour remédier à ces injustices, les gouvernements successifs ont mis en place diverses réformes visant à restructurer le secteur agricole et à offrir aux producteurs locaux les moyens de réhabiliter leurs exploitations. La nationalisation des terres agricoles fut l'une des premières mesures majeures adoptées après l'indépendance, permettant la restitution d'une grande partie des terres accaparées par les colons. Toutefois, cette nationalisation ne fut pas exempte de difficultés : l'absence de cadres juridiques solides et le manque de formation pour les nouveaux exploitants ont entravé une mise en œuvre efficace. La transition vers un

modèle agricole moderne nécessitait donc non seulement des ajustements structurels, mais aussi une transformation des mentalités et des pratiques.

Les réformes entreprises dans les années 1970 et 1980 ont tenté de remédier à ces disparités en favorisant la modernisation de l'agriculture, la diversification des cultures et la mise en place d'un cadre juridique garantissant une exploitation plus équitable des terres. Des programmes de collectivisation et de soutien aux agriculteurs ont vu le jour, avec l'ambition de revitaliser le secteur et de le rendre plus autonome face aux défis économiques et climatiques. Cependant, l'héritage de l'exclusion et de la marginalisation imposé sous la colonisation était si profondément enraciné qu'il a fallu des décennies pour observer des améliorations significatives. La dépendance aux anciennes méthodes de gestion, le manque d'infrastructures adaptées et la persistance de disparités sociales ont ralenti le processus de transformation.

Dans les années 2000, de nouvelles politiques agricoles ont permis d'accélérer la modernisation et la restructuration du secteur. Le Programme de Renouveau Agricole et Rural (PNDAR), mis en place à partir de 2000, a favorisé l'introduction de technologies modernes, l'amélioration des infrastructures d'irrigation et la formation des agriculteurs pour garantir une exploitation plus durable et productive des terres. Malgré ces avancées, le secteur agricole algérien reste marqué par des défis liés à l'accès aux ressources, aux conditions climatiques et aux fluctuations économiques mondiales. La recherche d'un équilibre entre préservation des terres et développement intensif demeure une problématique centrale pour l'avenir de l'agriculture algérienne.

Ainsi, le processus de réhabilitation agricole post-indépendance s'inscrit dans une dynamique de long terme, nécessitant des efforts continus pour surmonter les inégalités héritées du passé. La terre, qui fut un symbole de dépossession et de domination pendant la période coloniale, est aujourd'hui au cœur des ambitions de souveraineté alimentaire et de développement rural, illustrant la résilience des communautés agricoles algériennes face à l'histoire.

# DEUXIÈME PARTIE

*

# Période post-coloniale

# CHAPITRE I

## 1. Héritage et réformes

Après l'indépendance en 1962, l'Algérie devait reconstruire un secteur agricole profondément déséquilibré par la colonisation. Les structures foncières, façonnées pour répondre aux besoins des colons plutôt qu'à ceux des populations locales, nécessitaient une transformation radicale. Le défi consistait à réhabiliter un système économique rural qui avait été déstructuré, tout en redonnant aux agriculteurs les moyens de gérer et d'exploiter leurs terres de manière efficiente. Le paysage agricole était marqué par des disparités régionales considérables, où certaines zones bénéficiaient d'infrastructures héritées tandis que d'autres souffraient d'un manque criant de ressources essentielles.
L'État entreprit alors de nouvelles politiques pour encadrer la gestion des exploitations et favoriser une organisation plus fonctionnelle des ressources. Les terres, longtemps soumises à des logiques extérieures, devaient être réappropriées dans le cadre d'une planification nationale adaptée aux réalités locales. L'accent fut mis sur la valorisation des pratiques agricoles propres au territoire et sur la nécessité de garantir une autonomie accrue aux producteurs. Cependant, la transition ne se fit pas sans heurts : les réformes engagées rencontraient des résistances, tant au niveau administratif qu'au sein des communautés rurales elles-mêmes, qui peinaient à ajuster leurs méthodes à des approches modernisées. La mise en place de nouveaux dispositifs s'accompagna d'un effort pour stabiliser la production et diversifier les filières agricoles. Les autorités cherchaient à redéfinir une stratégie qui ne repose plus uniquement sur des modèles hérités, mais qui intègre les exigences contemporaines du développement rural. Des structures coopératives virent le jour, visant à encourager une collaboration entre exploitants et à soutenir une gestion plus efficace des ressources naturelles. Le renforcement des systèmes d'irrigation, l'amélioration des techniques culturales et l'introduction de mécanismes de régulation furent autant de mesures qui contribuèrent à mieux structurer l'exploitation des sols.

Dans un contexte de modernisation progressive, les défis restaient nombreux : assurer un accès équitable aux moyens de production, garantir une rentabilité suffisante et favoriser des modèles agricoles respectueux des contraintes écologiques du pays. À mesure que le secteur évoluait, de nouvelles orientations émergèrent, mettant en avant l'importance d'une planification durable et de la préservation des équilibres environnementaux. Ainsi, les efforts pour redéfinir les bases d'un développement agricole pérenne traduisent la volonté d'une adaptation continue aux réalités du territoire, tout en tenant compte des mutations économiques et sociales qui influencent les politiques nationales.

## 2. Les premières réformes (1962-1971)

### 2.1 Nationalisation des terres agricoles

À l'aube de l'indépendance, l'Algérie adopta un programme audacieux de nationalisation des terres agricoles, dans le but de corriger les injustices héritées de l'ère coloniale. Les anciens domaines colons furent repris par l'État et réorganisés autour de principes socialistes, visant à promouvoir une justice sociale et à moderniser le secteur agricole. Ces réformes, bien intentionnées, avaient pour objectif de redonner le contrôle des ressources aux travailleurs locaux, tout en stimulant la production pour répondre aux besoins croissants de la population.

- Création des domaines autogérés : Ces unités agricoles furent confiées aux travailleurs locaux, qui assumaient la gestion quotidienne sous la supervision de l'État.
  Ce système cherchait à impliquer directement les communautés rurales tout en modernisant les techniques agricoles.
- Établissement de fermes collectives : L'État encourageait les exploitations agricoles collectives pour maximiser les rendements et répondre aux besoins alimentaires croissants. Ces fermes, souvent concentrées dans les régions fertiles, avaient aussi pour mission de générer des excédents pour l'exportation.

Cependant, ces initiatives, bien qu'ambitieuses, souffraient de nombreuses limites. Le modèle autogéré s'accompagnait d'une bureaucratisation excessive, où les décisions de gestion étaient souvent imposées par les structures administratives centrales. Cela réduisait la capacité des travailleurs agricoles à prendre des décisions autonomes, entraînant parfois des inefficacités et des conflits internes.

## 2.2 Redistribution et collectivisation

Dans le cadre des premières réformes agricoles post-indépendance, l'Algérie a opté pour un modèle de redistribution des terres visant à corriger les inégalités socio-économiques héritées de l'ère coloniale. Ces réformes avaient pour objectif principal de redonner aux populations locales un accès équitable aux terres agricoles, tout en promouvant une agriculture collective capable de répondre aux besoins alimentaires du pays.

Les terres expropriées aux colons furent redistribuées aux petits agriculteurs algériens, mais pas sous la forme de propriétés privées. Elles furent généralement intégrées dans des coopératives agricoles ou des domaines autogérés, où les ressources et les équipements (comme les machines agricoles) étaient partagés entre les membres. Ces structures collectives visaient à encourager une gestion collaborative et démocratique, avec l'idée que cela profiterait équitablement à l'ensemble des communautés rurales.

Cependant, si les premières réformes visaient une justice sociale immédiate, elles furent entravées par une organisation centralisée et un manque de ressources locales, freinant leur efficacité. Tout d'abord, le manque d'expérience et de formation des agriculteurs dans la gestion collective des exploitations entraîna des désaccords sur l'organisation du travail et le partage des bénéfices. Ensuite, la forte centralisation bureaucratique et les interventions fréquentes de l'État dans la gestion quotidienne des coopératives limitèrent l'autonomie des travailleurs agricoles, ce qui freina leur motivation et leur engagement.

En parallèle, les infrastructures agricoles, souvent insuffisantes ou mal entretenues, constituèrent un obstacle majeur à une production efficace. Les coopératives manquaient fréquemment de matériel moderne, de semences de qualité et de systèmes d'irrigation performants, ce qui réduisait considérablement leurs rendements.

La faiblesse des investissements dans la modernisation agricole contribua également à maintenir une productivité inférieure aux attentes.

## 3. Les réformes agricoles des années 1970 (1971-1980)

Face aux défis hérités de la période post-coloniale, le gouvernement algérien lança une série d'initiatives pour revitaliser le secteur agricole et réduire les inégalités foncières. Ces réformes, centrées sur la redistribution des terres et la modernisation, visaient à transformer l'agriculture nationale tout en répondant aux besoins alimentaires d'une population en expansion.

### 3.1 Réforme agraire de 1971

La réforme agraire de 1971 se concentra sur la redistribution des terres excédentaires, souvent sous-utilisées ou mal exploitées, afin de réduire la concentration foncière et d'offrir de nouvelles opportunités aux petits paysans. Le cœur de cette réforme reposait sur la création de coopératives agricoles, des structures conçues pour permettre une exploitation collaborative des terres et une mutualisation des ressources.

Les objectifs principaux incluaient :

- Réduction des inégalités foncières : En redistribuant les terres aux paysans, l'État espérait offrir une équité sociale accrue tout en renforçant les communautés rurales.
- Gestion collective et partage des compétences : Les coopératives agricoles facilitaient l'accès aux équipements et aux ressources pour des travailleurs auparavant marginalisés, tout en stimulant la productivité.

Cependant, la gestion collective nécessitait un accompagnement plus approfondi, car la transition vers ce nouveau modèle bouleversait les pratiques traditionnelles des petits agriculteurs. Le manque de préparation et de coordination freina parfois l'efficacité de ces coopératives, limitant ainsi les résultats attendus.

### 3.2 Développement rural et modernisation

Parallèlement aux réformes foncières, des investissements massifs furent réalisés pour développer les infrastructures agricoles et moderniser le secteur. Ces initiatives incluaient :

- Amélioration des infrastructures rurales : Construction de routes, mise en place de systèmes d'irrigation et création d'entrepôts pour faciliter le stockage et le transport des récoltes.
- Introduction de techniques modernes : L'utilisation d'engrais chimiques, de semences améliorées et de machines agricoles sophistiquées devint une priorité pour maximiser les rendements.
- Développement de zones rurales : Des efforts ciblés furent menés pour revitaliser les régions défavorisées, incluant la création de centres de formation pour les agriculteurs afin de diffuser des pratiques agricoles modernes.

Malgré ces investissements, plusieurs défis restaient à relever. La centralisation excessive de l'administration ralentissait les prises de décision, tandis que le manque de formation adéquate pour les agriculteurs freinait l'adoption des nouvelles technologies. En outre, certaines régions manquaient encore des ressources nécessaires pour mettre en œuvre pleinement ces innovations.

### 3.3 contrainte et limites

Malgré la vision ambitieuse de ces réformes, plusieurs obstacles en réduisirent l'efficacité :

- Bureaucratie excessive : Le système administratif centralisé ralentissait la mise en œuvre des programmes et limitait l'autonomie des coopératives.
- Manque de formation et de suivi : Les agriculteurs, souvent peu familiarisés avec les techniques modernes, peinaient à s'adapter aux nouvelles méthodes, ce qui affectait les rendements.
- Inégalités persistantes : Certaines régions restaient marginalisées, et les investissements ne suffisaient pas à compenser les écarts historiques en termes d'accès aux ressources.

Si les premières réformes visaient une justice sociale immédiate, elles furent entravées par une organisation centralisée et un manque de ressources locales, freinant leur efficacité. Ce paradoxe souligne la difficulté de concilier les ambitions sociales avec les réalités économiques et organisationnelles d'un secteur agricole en pleine transition.
Ces initiatives, bien qu'imparfaites, marquèrent néanmoins une étape essentielle dans la reconstruction d'un secteur agricole national, posant les bases pour les réformes des décennies suivantes.

## 4. nouveau mode d'exploitation des terres agricoles

### 4.1 la loi 87-19

Promulguée le 8 décembre 1987, la loi 87-19 représenta un tournant majeur dans la gestion des terres agricoles, introduisant un nouveau modèle basé sur le principe de jouissance perpétuelle tout en maintenant la propriété étatique des terres. Cette approche visait à responsabiliser les producteurs agricoles et à encourager une gestion plus efficace des ressources.

### 4.2 Objectifs et principes

La loi 87-19 s'appuyait sur plusieurs réformes clés pour restructurer le secteur agricole :

- Droit de jouissance perpétuelle et cessible : Les exploitations agricoles furent réparties en structures collectives (EAC) et individuelles (EAI), permettant aux travailleurs d'accéder aux terres avec un droit de jouissance transmissible.
- Démembrement des domaines autogérés : Les anciens domaines furent réorganisés pour attribuer des parcelles aux ouvriers et cadres, accompagnées de documents officiels tels que des procès-verbaux de délimitation et des plans cadastraux.

L'objectif était de donner aux agriculteurs une plus grande stabilité et de favoriser leur investissement dans la terre, tout en préservant la propriété publique des terres agricoles.

### 4.3 Articles clés de la loi

Les articles fondamentaux qui structuraient cette réforme incluaient :

- Indivision et équité : Les terres étaient exploitées à parts égales entre les membres (articles 8, 9).
- Gestion interne : Les conventions internes régulaient les rapports entre membres des exploitations (articles 15, 36).
  Cession limitée : Toute cession était réservée exclusivement aux travailleurs agricoles (article 24)
- Protection judiciaire : Les juges pouvaient intervenir pour garantir la continuité de l'exploitation (article 30).

# CHAPITRE II

## 1. La période de 1980 à 2000

### 1.1 Défis économiques et sociaux

À l'aube des années 1980, l'Algérie subissait une dépendance accrue aux importations alimentaires, aggravée par une économie vulnérable aux fluctuations des marchés mondiaux. Le secteur agricole, censé jouer un rôle clé dans la sécurité alimentaire, stagnait en raison d'une série de défis structurels.
Les exploitations rurales, héritées des systèmes post-coloniaux, étaient sous-équipées et les infrastructures agricoles en mauvais état. Les agriculteurs peinaient à se moderniser en raison d'un manque d'accès aux capitaux et à la formation technique.

### 1.2 Analyse détaillée des problèmes :

Méthodes agricoles obsolètes :

La majorité des exploitations utilisaient encore des techniques traditionnelles incapables de répondre à la demande croissante en produits alimentaires.
Les rendements agricoles étaient parmi les plus bas de la région, ce qui exacerbait l'insécurité alimentaire.

Disparités régionales :

Les zones rurales étaient fortement marginalisées, avec un accès limité aux infrastructures modernes, comme les routes et les systèmes d'irrigation.

Dépendance économique aux importations :

En raison de la faible production agricole, l'Algérie importait la majorité de ses céréales et autres produits alimentaires. Cela créait un déséquilibre dans la balance commerciale.

### 1.3 Nature juridique des terres

Les terres agricoles en Algérie se divisent actuellement en différentes catégories juridiques, chacune avec ses particularités historiques et légales. Ces distinctions reflètent, non seulement les héritages institutionnels de diverses périodes (précoloniale, coloniale et post-indépendance), mais aussi la complexité des systèmes fonciers.

Les terres privées dites « melk » :

* Caractéristiques juridiques :

Ces terres sont détenues par des propriétaires individuels ou familiaux. Elles représentent le système de propriété privée classique et offrent une autonomie totale de gestion.
Les terres melk ont souvent été transmises par héritage, ce qui leur confère une importance culturelle et économique.

* Défis pour les exploitants :

L'accès limité au financement bancaire et aux équipements modernes freine leur modernisation.
La fragmentation excessive des terres, due à la division entre héritiers, réduit leur rentabilité et complique leur gestion

* Rôle dans le paysage agricole :

Les terres melk contribuent significativement à l'agriculture mécanisée et intensive, lorsqu'elles sont suffisamment grandes et bien équipées.

Les terres « habous » :

Les terres habous sont des propriétés privées consacrées à des œuvres sociales ou religieuses. Ce système, issu de la tradition islamique, permet de soutenir des projets caritatifs ou éducatifs.
Ces terres restent souvent en dehors du marché foncier classique, car leur statut empêche leur exploitation commerciale.

La rigidité de ce système limite leur intégration dans des projets agricoles modernes. Leur gestion nécessite une coordination entre les objectifs religieux et les besoins agricoles.

Les terres publiques :

Domaine privé de l'État :

Le domaine privé de l'État désigne l'ensemble des terres et propriétés foncières qui appartiennent à l'État mais qui ne sont pas affectées à un usage public direct, contrairement aux infrastructures administratives ou aux équipements collectifs. Ces terres constituent une ressource stratégique pour le développement agricole et économique du pays, car elles offrent un potentiel d'investissement et d'exploitation structuré par un cadre juridique spécifique.

Afin d'optimiser leur utilisation, l'État peut mettre ces terrains à disposition d'agriculteurs, d'entrepreneurs ou de grandes sociétés agricoles par le biais de contrats de location ou de concession. Ces accords garantissent l'accès aux terres tout en encadrant leur usage, leur durée d'exploitation et leurs obligations environnementales ou économiques. Ces contrats visent généralement à favoriser l'essor de projets agricoles modernes, l'introduction de nouvelles technologies ou encore la production à grande échelle visant l'autosuffisance alimentaire et l'exportation.

La gestion de ces terres est soumise à des critères précis définis par les autorités en charge du foncier. Les exploitants doivent respecter des normes de développement durable, assurer un rendement optimal et éviter les pratiques pouvant nuire à la biodiversité ou à la qualité des sols. Les mécanismes de contrôle et d'évaluation permettent de suivre l'évolution des activités et d'ajuster les politiques foncières pour garantir une exploitation efficiente et pérenne.

Par ailleurs, ces terrains peuvent aussi être réservés à des programmes de développement rural visant à améliorer l'accès aux ressources pour les populations locales. Certaines initiatives encouragent les coopératives agricoles, l'intégration de jeunes entrepreneurs dans le secteur et la mise en place de systèmes

d'irrigation modernes pour valoriser les terres inexploitées ou sous-utilisées.
Ainsi, le domaine privé de l'État joue un rôle essentiel dans la structuration du paysage agricole et économique, en permettant une mise en valeur stratégique des ressources foncières tout en contribuant à la croissance du secteur et à la stabilisation des conditions de production.

Domaine public de l'État :

Ces terres sont protégées et non privatisables. Elles incluent les réserves naturelles et les zones protégées.
Les terres publiques sont souvent mobilisées pour des projets nationaux, comme la construction de barrages ou le développement d'infrastructures hydriques.
Elles représentent un potentiel important pour des initiatives agricoles collectives.

Il existe aussi des terres collectives dites « Arch » ou « tribales » :

*Origine historique :

Ces terres communautaires ont été régularisées en partie par le Sénatus-consulte de 1863. Elles remontent à des pratiques tribales où des groupes avaient la jouissance collective des terres.

*Caractéristiques sociales **:**

Les terres arch sont partagées entre les membres d'une tribu ou communauté. Ce système est basé sur une solidarité collective, mais peut être une source de tensions en cas de litige.
Les conflits fonciers autour des terres arch sont fréquents, notamment en raison de l'absence de cadastre clair ou de limites définies.
Leur potentiel agricole reste souvent sous-exploité en raison de leur statut collectif.

Répartition des catégories de terres agricoles :

Le tableau ci-dessous illustre la distribution des terres agricoles en fonction de leur statut juridique

| Catégorie de terres | Superficie (en hectares) | Pourcentage du total |
|---|---|---|
| Terres privées (« melk ») | 4,5 millions | 65 % |
| Terres publiques | 2,2 millions | 32 % |
| Terres collectives (« arch ») | 0,2 million | 2 % |
| Terres (« habous ») | 0,1 million | 1 % |

Le diagramme met en lumière la répartition des terres agricoles en Algérie, soulignant la prédominance des terres privées. Cette structure reflète les défis liés à l'accès équitable aux terres et aux ressources agricoles, tout en montrant le rôle stratégique des terres publiques dans les grands projets nationaux.

Répartition des catégories de terres agricoles :

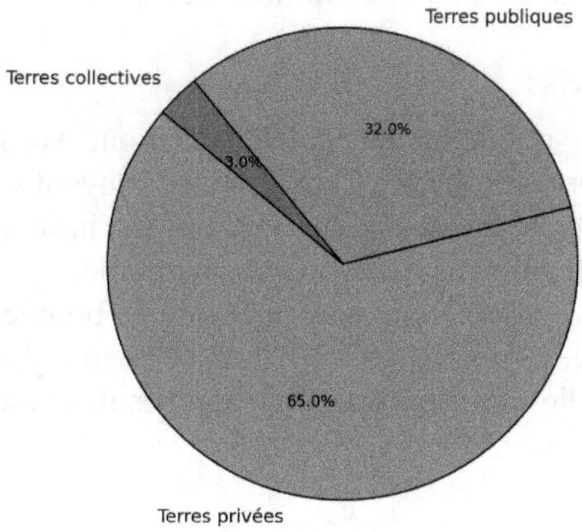

Analyse des données :

**Terres privées (65 %) :**

- Les terres privées constituent la majorité des terres agricoles. Cela reflète souvent une gestion individuelle ou familiale des exploitations.
- Ces terres sont généralement associées à une agriculture intensive ou mécanisée, selon les ressources des propriétaires.

**Terres publiques (32 %) et Terres collectives (3 %) :**

Les terres publiques et collectives jouent un rôle stratégique dans la gestion foncière en Algérie, bien qu'elles présentent des caractéristiques distinctes. Les terres publiques, protégées et non privatisables, incluent notamment des réserves naturelles et des zones mobilisées pour des projets nationaux, tels que la construction de barrages ou le développement d'infrastructures hydriques. Ces terrains représentent un potentiel considérable pour des initiatives agricoles collectives ou stratégiques, particulièrement dans la conservation et l'irrigation.
De leur côté, les terres collectives, dites « Arch », trouvent leur origine dans des pratiques tribales où des groupes jouissaient collectivement des terres. Régularisées en partie par le Sénatus-consulte de 1863, ces terres restent partagées entre les membres d'une même communauté. Bien que basées sur un principe de solidarité, elles sont souvent sources de tensions en raison de l'absence de cadastre clair et de limites bien définies.

Défis et potentiels :

- Les terres publiques et collectives sont sous-exploitées malgré leur importance. Leur gestion, souvent entravée par des conflits fonciers ou des ambiguïtés juridiques, limite leur contribution au développement agricole.
- Toutefois, elles offrent une opportunité unique pour promouvoir des projets collectifs respectueux des pratiques traditionnelles, tout en répondant aux besoins modernes.

## 2. Analyse des réformes agricoles en Algérie : Progrès et enjeux

### 2.1 Modernisation et diversification

La promulgation de la loi 87-19 joua un rôle clé dans la transformation du secteur agricole, en attribuant aux agriculteurs des droits de jouissance perpétuelle. Ce cadre permit :

- Favorisation de l'investissement : Les agriculteurs purent accéder plus facilement au financement, stimulant la modernisation des exploitations.
- Introduction de cultures à haute valeur ajoutée : Fruits, légumes et autres cultures diversifiées contribuèrent à une agriculture plus rentable et adaptée aux besoins du marché.
- Optimisation des rendements : L'adoption de techniques modernes, telles que l'irrigation contrôlée et l'utilisation de semences améliorées, renforça la productivité

### 2.2 Développement rural

Les réformes agricoles mirent également l'accent sur le développement des zones rurales, à travers :

- Création d'emplois : Les initiatives rurales encouragèrent une activité économique locale, limitant l'exode rural vers les villes.
- Amélioration des infrastructures : Routes, centres de santé et écoles furent construits pour rehausser les conditions de vie des populations rurales.
- Renforcement des communautés rurales : Ces efforts visaient à donner un nouveau souffle aux régions marginalisées, réduisant ainsi les disparités territoriales.

### 2.3 Enjeux environnementaux.

Conscientes des défis écologiques, les réformes agricoles incorporèrent des mesures durables pour préserver les ressources naturelles :

- Gestion de l'eau : Une attention particulière fut portée à la mise en place de systèmes d'irrigation efficaces pour optimiser les ressources en eau.

- Lutte contre l'érosion : Des initiatives de reboisement et de conservation des sols furent développées pour protéger les terres cultivables.
- Pratiques agricoles durables : L'objectif était de trouver un équilibre entre productivité agricole et respect des éco-systèmes locaux.

En résumé, cette phase de réformes apporta des progrès notables en modernisant et en diversifiant l'agriculture nationale, tout en améliorant le développement rural. Cependant, les défis environnementaux et socio-économiques persistants mirent en lumière l'importance de politiques agricoles équilibrées et inclusives pour garantir une croissance durable.

# CHAPITRE III

## 1. Modernisation et diversification après 2000

### 1.1 Programme de Renouveau Agricole et Rural (PNDAR, 2000)

Lancé en 2000, le Programme de Renouveau Agricole et Rural (PNDAR) a été conçu comme un pilier fondamental des efforts de modernisation et de revitalisation du secteur agricole en Algérie. Ce programme visait à répondre aux multiples défis auxquels l'agriculture nationale était confrontée, notamment la faible productivité, les carences en infrastructures modernes et le besoin de diversifier les cultures.

### 1.2 Modernisation des équipements et techniques agricoles

Le PNDAR a introduit des mécanismes financiers permettant aux agriculteurs d'acquérir des équipements agricoles modernes. Ces subventions ont couvert une large gamme de matériel, notamment les tracteurs, les systèmes d'irrigation goutte-à-goutte et les machines de récolte. En facilitant l'accès à ces technologies, le programme a contribué à améliorer les rendements agricoles et à réduire les pertes liées à des méthodes de travail dépassées.

Les subventions ont également encouragé l'automatisation dans certains secteurs agricoles, réduisant la dépendance à la main-d'œuvre et augmentant l'efficacité des exploitations, même dans les zones rurales les plus reculées. Cela a permis de repositionner l'agriculture algérienne comme un secteur plus compétitif et résilient face aux défis économiques.

### 1.3 Diversification des cultures et semences améliorées

Un volet essentiel du PNDAR portait sur l'introduction et l'accès facilité à des semences améliorées. Ces semences, développées pour leur résistance accrue aux conditions climatiques difficiles et aux maladies, ont permis une meilleure adaptation des cultures locales face à des aléas tels que la sécheresse et les nuisibles.

Ce soutien a également encouragé la diversification des cultures, notamment par l'introduction de variétés plus rentables et adaptées aux sols locaux. Les agriculteurs ont ainsi pu diversifier leurs productions, en intégrant des cultures à haute valeur ajoutée comme les fruits, les légumes et même certaines cultures industrielles. Cette diversification a permis de réduire la dépendance à quelques cultures traditionnelles et d'élargir les opportunités de revenus pour les producteurs.

### 1.4 Impact rural

Le PNDAR a eu un impact profond sur les zones rurales en stimulant l'économie locale et en améliorant les conditions de vie des populations. Les investissements réalisés grâce aux subventions ont permis de moderniser les pratiques agricoles, tout en créant de nouveaux emplois dans des secteurs liés à l'agriculture (Maintenance d'équipements, services d'irrigation, distribution de semences).

Par ailleurs, le programme s'est accompagné de la construction d'infrastructures de soutien telles que des routes, des entrepôts et des centres de formation, contribuant à renforcer les chaînes logistiques et à mieux intégrer les zones rurales au tissu économique national.

Cependant, le PNDAR n'a pas été sans failles. La bureaucratie excessive, les retards dans l'octroi des subventions et un manque de suivi dans la mise en œuvre ont parfois limité l'impact de ces initiatives. De plus, l'adoption des équipements modernes et des nouvelles techniques agricoles a varié selon les régions, en raison des différences en matière d'accès aux ressources et de formation.

Le Programme de Renouveau Agricole et Rural (PNDAR) a marqué un tournant dans la modernisation de l'agriculture en Algérie, en introduisant des soutiens financiers et techniques pour renforcer la productivité et la durabilité du secteur. Malgré certaines limites, il a jeté les bases d'un développement agricole plus inclusif et orienté vers l'avenir.

## 2. Circulaires et réformes clés (2009-2020)

La circulaire de 2009 a marqué une étape décisive dans la gestion des ressources hydriques en Algérie, en réponse aux défis croissants liés à la raréfaction de l'eau et aux effets du changement climatique. Face à une diminution progressive des précipitations et à une pression accrue sur les réserves d'eau, cette politique a mis l'accent sur une approche plus rationnelle et durable de l'irrigation agricole. L'objectif était de garantir une utilisation optimale des ressources disponibles tout en préservant les écosystèmes et en assurant la pérennité des exploitations agricoles.

### 2.1 Irrigation moderne : une réponse aux défis climatiques

L'Algérie, caractérisée par une diversité climatique allant des zones arides aux régions plus humides du nord, doit adapter ses stratégies d'irrigation en fonction des spécificités locales. La baisse des précipitations observée au fil des décennies a entraîné une diminution des réserves hydriques, rendant indispensable une gestion plus efficace de l'eau. La circulaire de 2009 a ainsi encouragé l'adoption de techniques modernes d'irrigation, telles que :

- L'irrigation goutte-à-goutte, qui permet une distribution ciblée de l'eau et réduit le gaspillage.
- L'irrigation par aspersion, adaptée aux cultures nécessitant une humidification régulière.
- L'utilisation de bassins de rétention, permettant de stocker l'eau et de la redistribuer en fonction des besoins agricoles.

### Analyse régionale des besoins en eau

Compte tenu des disparités climatiques et géographiques du pays, une cartographie précise des besoins hydriques est essentielle pour optimiser l'irrigation. Les régions sahariennes, où l'eau est une ressource rare, nécessitent des solutions spécifiques, telles que le recours aux eaux souterraines et aux techniques de dessalement, à l'inverse, les zones côtières et les hauts plateaux peuvent bénéficier de systèmes de récupération des eaux pluviales et de barrages pour assurer un approvisionnement régulier.

### Perspectives et enjeux futurs

L'amélioration des infrastructures hydrauliques et la sensibilisation des agriculteurs à une gestion plus efficiente de l'eau restent des priorités. La mise en place de politiques incitatives, telles que

des subventions pour l'installation de systèmes d'irrigation performants, pourrait accélérer la transition vers une agriculture plus résiliente face aux défis climatiques. Par ailleurs, l'intégration des technologies numériques dans la gestion de l'irrigation, via des capteurs et des systèmes automatisés, pourrait permettre une meilleure régulation de l'eau et une adaptation en temps réel aux conditions météorologiques.
Ainsi, la circulaire de 2009 a posé les bases d'une transformation nécessaire du secteur agricole, en mettant l'accent sur une gestion durable des ressources hydriques et sur l'innovation technologique pour garantir la sécurité alimentaire et la viabilité des exploitations agricoles.

**Répartition régionale des besoins hydriques**

Ce tableau détaille les besoins hydriques dans les principales régions agricoles d'Algérie

| Région | Cultures principales | Stress hydrique | Sources principales d'eau |
|---|---|---|---|
| Nord (tell-Mitidja) | Céréales, fruits, maraîchage | modéré | Barrage, nappes phréatiques |
| Hauts plateaux | Céréales, élevage | élevé | Puits, petits barrages |
| Sud (Sahara, oasis) | Datte, cultures sous serre | Très élevé | Nappes phréatiques, foggaras |

Analyse régionale

**Nord (Tell et Mitidja)** : Ces régions bénéficient d'une infrastructure hydrique relativement développée, notamment des barrages et des réseaux d'irrigation modernes. Cependant, l'intensification agricole augmente la demande en eau, nécessitant une gestion optimisée pour éviter une surexploitation des nappes phréatiques.

**Hauts Plateaux** : Les faibles précipitations et l'absence de grands barrages rendent ces zones vulnérables. Les agriculteurs dépendent souvent des puits ou de petits barrages pour leurs cultures céréalières et leur élevage. Une modernisation des infrastructures et des techniques d'irrigation est cruciale pour cette région.
**Sud (Sahara et Oasis)** : Malgré des techniques traditionnelles comme les foggaras, les cultures intensives, notamment sous serre, nécessitent un apport important en eau. Le recours massif aux nappes phréatiques profondes pose des questions sur la durabilité de ces pratiques.
La circulaire s'est attaquée à ces défis en promouvant une irrigation adaptée aux conditions arides.

Tendance des précipitations moyennes annuelles en Algérie (1995-2024)

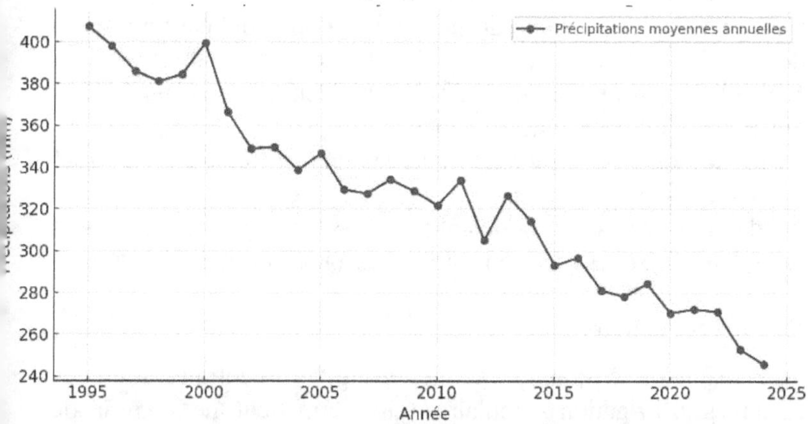


La courbe représente les précipitations moyennes annuelles en Algérie sur une période de 30 ans. L'objectif est d'illustrer la tendance à la baisse des précipitations, conséquence des changements climatiques, et de mettre en évidence leurs impacts sur les écosystèmes, l'agriculture et la gestion des ressources en eau.

Techniques modernes d'irrigation :

Les techniques modernes d'irrigation ont joué un rôle essentiel dans l'amélioration de la gestion des ressources hydriques en Algérie, notamment dans des régions stratégiques comme la Mitidja et Biskra. Face aux défis liés à la raréfaction de l'eau et aux variations climatiques, l'introduction de systèmes innovants a permis d'optimiser l'utilisation des ressources disponibles tout en augmentant la productivité agricole.

L'irrigation goutte-à-goutte : une approche ciblée

L'irrigation goutte-à-goutte est l'une des méthodes les plus efficaces pour réduire le gaspillage d'eau et améliorer l'absorption des nutriments par les cultures. Ce système repose sur la distribution de l'eau directement au niveau des racines des plantes, via un réseau de tuyaux perforés ou de goutteurs. Cette technique présente plusieurs avantages :
* Réduction des pertes hydriques grâce à une application précise de l'eau.
* Amélioration des rendements agricoles en assurant une hydratation constante des cultures.
* Diminution des risques de maladies liées à l'excès d'humidité sur les feuilles et les tiges.
* Adaptabilité aux conditions climatiques arides, particulièrement utile dans les zones où l'eau est une ressource limitée.

Les pivots centraux :

Une irrigation à grande échelle, les pivots centraux sont des systèmes d'irrigation circulaires qui permettent de couvrir de vastes surfaces agricoles avec une distribution homogène de l'eau. Ce dispositif est particulièrement utilisé dans les exploitations de grande envergure, où l'irrigation traditionnelle serait inefficace. Les principaux bénéfices de cette technologie incluent :
* Une couverture uniforme des cultures, garantissant une croissance homogène.
* Une automatisation du processus, réduisant la main-d'œuvre nécessaire.
* Une meilleure gestion des ressources, avec des capteurs permettant d'ajuster l'apport en eau selon les besoins des plantes.

* Une adaptation aux cultures céréalières et maraîchères, qui nécessitent un arrosage régulier et contrôlé.

Impact dans les régions de Mitidja et Biskra :

Dans la Mitidja, région agricole clé du nord de l'Algérie, l'irrigation goutte-à-goutte a permis de maximiser l'efficacité des cultures maraîchères et fruitières. Grâce à cette technologie, les agriculteurs ont pu stabiliser leur production malgré les fluctuations climatiques et la pression sur les ressources en eau. À Biskra, connue pour ses vastes palmeraies et ses cultures sous serre, les pivots centraux ont été largement adoptés pour irriguer les grandes exploitations de dattiers et de légumes. Cette modernisation a contribué à une augmentation significative des rendements et à une meilleure gestion des ressources hydriques.

Perspectives et défis :

Bien que ces techniques aient démontré leur efficacité, leur adoption à grande échelle reste confrontée à certains défis :
* Le coût d'installation élevé, qui peut limiter l'accès des petits exploitants à ces technologies.
* La nécessité d'un entretien régulier, notamment pour éviter l'obstruction des goutteurs et garantir la durabilité des équipements.
* L'adaptation aux spécificités locales, avec des ajustements nécessaires en fonction des types de sols et des cultures.
Ainsi, l'irrigation moderne représente une avancée majeure pour l'agriculture algérienne, offrant des solutions adaptées aux contraintes hydriques et climatiques. Son développement continu, soutenu par des politiques publiques et des investissements technologiques, pourrait renforcer la résilience du secteur face aux défis environnementaux

Progrès dans les pratiques d'irrigation moderne

Ce tableau ci-dessous présente les techniques d'irrigation modernes adoptées dans différentes régions, en mettant en évidence leurs avantages spécifiques.

| Technique d'irrigation | Avantages | Régions principales |
|---|---|---|
| Irrigation goutte à goutte | Économie de 30 % d'eau, meilleure efficacité | Vallée de la Mitidja, Biskra |
| Pivot central | Optimisation pour grandes cultures | Oued-el-Souf |
| Techniques traditionnelles | Coût faible, mais faible rendement | Zones rurales isolées |

Les régions répertoriées dans ce tableau utilisent des techniques d'irrigation adaptées à leurs besoins hydriques et conditions agricoles

Objectifs et retombées : Ces efforts visaient à renforcer la sécurité alimentaire et à encourager des pratiques agricoles durables tout en optimisant la gestion de l'eau dans les zones arides. Malgré cela, des défis tels que le coût élevé des équipements et leur entretien insuffisant ont limité l'impact.

## 2.2 Formation agricole

Des campagnes de sensibilisation ont été organisées pour encourager les agriculteurs à adopter ces technologies. Bien que les résultats aient été prometteurs, leur diffusion reste inégale selon les régions.

Ces initiatives après les années 2000, notamment le PNDAR et la circulaire sur l'irrigation moderne, ont représenté des étapes majeures dans la transformation du secteur agricole en Algérie. Tout en offrant des solutions aux défis climatiques et structurels,

elles ont mis en lumière des failles dans l'accès aux ressources et l'égalité régionale. Cependant, elles ont jeté les bases pour une agriculture plus moderne et résiliente.
Le tableau ci-dessous présente les réformes agricoles clés ayant marqué différentes périodes en Algérie.

Comparatif des réformes agricoles majeures

| Année | Réforme principale | Objectif | Résultat notable |
|---|---|---|---|
| 1971 | Réforme agraire | Redistribution des terres | Création de 200 000 coopératives agricoles |
| 1987 | Loi 87-19 | Droits de jouissance perpétuelle | Facilitation pour 1,4 million d'hectares de terres redistribuées |
| 2000 | Programme PNDAR | Modernisation et diversification | Augmentation de 33 % des rendements agricoles dans les zones ciblées |
| 2009 | Circulaire sur l'irrigation | Gestion efficace des ressources | Économie de 22 % dans la consommation hydrique grâce au goutte-à-goutte |

Études de cas régionales :

**Région de la Mitidja**

Contexte historique

* Contexte historique avant la colonisation, la Mitidja était une région fertile et prospère, caractérisée par des pratiques agricoles polyculturelles adaptées aux conditions locales. Ces pratiques permettaient un équilibre écologique et assuraient l'autosuffisance des populations locales.
* Durant la colonisation française, ces terres furent transformées en vastes exploitations monoculturales pour la production de

vignes, céréales et agrumes destinées à l'exportation vers la France. Les populations locales furent dépossédées et utilisées comme main-d'œuvre à bas coût.

Transformation post-indépendance

Après l'indépendance, des efforts furent faits pour redistribuer les terres confisquées, mais la Mitidja reste encore marquée par les séquelles de la période coloniale :
* Exploitation inégale des terres
* Disparités entre petits et grands exploitants.

Situation contemporaine

Aujourd'hui, la Mitidja est un pilier de l'agriculture algérienne :
Elle représente environ 40 % de la production nationale d'agrumes, notamment grâce à ses sols riches et sa proximité des ressources hydriques.
Les investissements récents en irrigation et en technologies agricoles modernes ont renforcé la compétitivité de la région.

<u>Répartition des cultures dans la Mitidja</u>

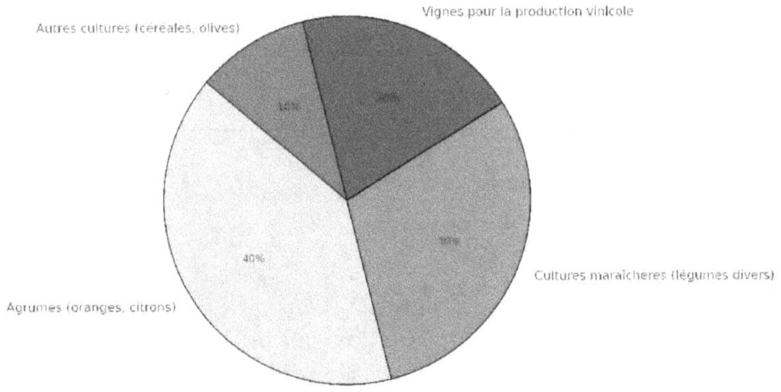

**Oasis du Sahara :** Exemple de résilience dans un milieu aride

Contexte historique

* Les oasis sahariennes, comme celles de Ghardaïa et Biskra, ont longtemps été des centres d'innovation agricole grâce aux systèmes de foggaras, des canaux souterrains permettant une gestion durable de l'eau.
* Durant la période coloniale, ces systèmes furent négligés, et les oasis connurent une marginalisation progressive malgré leur rôle crucial dans la production alimentaire.

Développement post-indépendance

Des politiques publiques, comme le Programme National de Développement Agricole (PNDA), ont permis de revitaliser ces zones en soutenant des projets agricoles adaptés à l'aridité :
Expansion des cultures de dattes, où l'Algérie est l'un des principaux exportateurs mondiaux.
Introduction de techniques modernes comme les pivots d'irrigation.

Défis actuels :

* Urbanisation et tourisme :
L'expansion des zones urbaines et des infrastructures touristiques met en danger l'équilibre fragile de ces écosystèmes.
* Gestion de l'eau :
Avec le stress hydrique croissant, les foggaras traditionnelles nécessitent une maintenance et une adaptation aux nouvelles pressions climatiques.
Les foggaras sont des systèmes d'irrigation traditionnels utilisés dans les régions arides pour capter et distribuer l'eau souterraine vers les zones agricoles.

<u>Schéma de principe du fonctionnement
et évolution des foggaras</u>

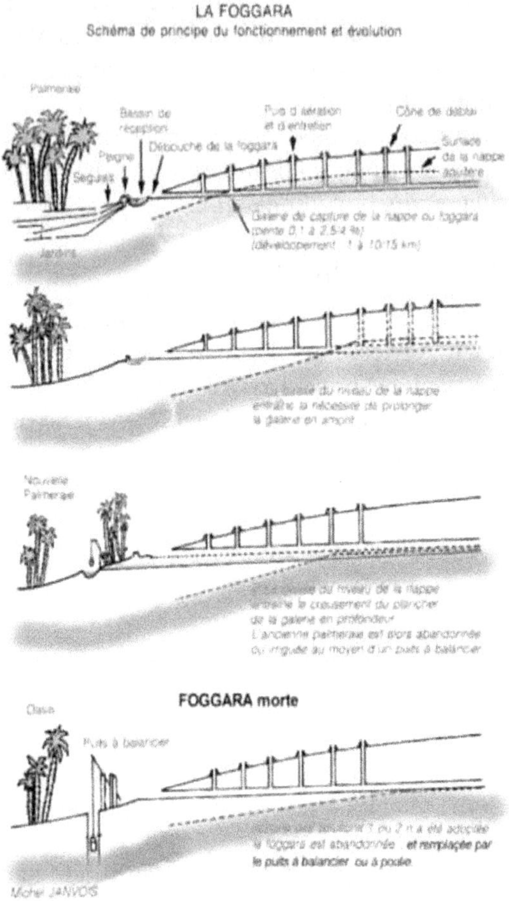


Source souterraine d'eau (IRD /Michel Janvois)

Une galerie légèrement inclinée est creusée pour atteindre la nappe phréatique. Cette galerie capte l'eau souterraine et la dirige vers la surface par gravité.

*Canal de distribution :
L'eau acheminée par la galerie est ensuite dirigée vers un canal à ciel ouvert, appelé « seguia », qui la transporte vers les zones agricoles.

*Petit bassin pour l'irrigation locale :
Avant d'être utilisée pour l'irrigation, l'eau est souvent stockée dans un petit bassin, permettant une distribution contrôlée vers les parcelles agricoles.
Ce schéma montre la galerie souterraine captant l'eau, le canal de distribution en surface, et le bassin de stockage pour l'irrigation.

**Hauts Plateaux**

Contexte historique :
Régions marginalisées durant la colonisation, les Hauts Plateaux ont souffert d'une exploitation intensive des terres sans retour de la part des colons, entraînant leur dégradation.

Post-colonisation :
Les efforts pour revitaliser cette région à travers des initiatives telles que l'ensemencement de céréales et l'élevage ont rencontré des succès partiels mais se heurtent toujours à des défis comme la désertification.

Évolution des terres cultivées dans les hauts plateaux

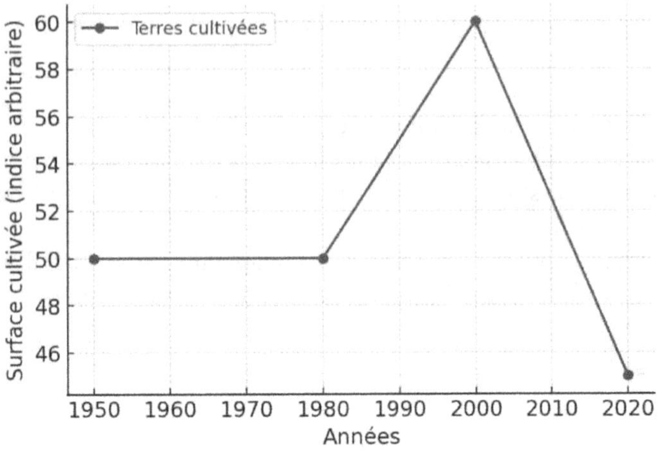


*1950-1980 : Stagnation due au manque d'investissements.
*1980-2000 : Augmentation grâce aux initiatives de reboisement.
*2000-2020 : Une nouvelle diminution liée aux défis climatiques.

**Recommandations pratiques**

*Reboisement et conservation des sols :
Lancer des programmes de reforestation pour lutter contre la désertification.
Introduire des cultures adaptées au climat semi-aride (Sorgho, pois chiches).

*Amélioration des infrastructures rurales :
Construire des routes pour faciliter l'accès aux marchés et réduire les pertes post-récolte.

*Investissement dans l'élevage :
Développer des systèmes d'élevage durables pour compléter les cultures céréalières.

Circulaire sur la formation agricole (2010) :

La circulaire sur la formation agricole de 2010 a été mise en place dans le cadre des efforts de modernisation du secteur agricole algérien. Cette initiative visait à répondre à une problématique centrale : le manque de connaissances et de compétences des agriculteurs pour utiliser efficacement les nouvelles technologies et techniques agricoles introduites dans le cadre des réformes précédentes. Le programme avait pour ambition de renforcer les capacités des acteurs agricoles tout en soutenant l'adoption généralisée des innovations technologiques.

*Objectifs des programmes de formation
Le principal objectif de cette circulaire était de permettre aux agriculteurs de s'adapter aux évolutions rapides du secteur en leur fournissant des outils pratiques et théoriques. Les formations visaient spécifiquement à :

* Maîtriser les nouvelles technologies modernes
L'utilisation des systèmes d'irrigation avancés, comme le goutte-à-goutte et les pivots, est cruciale pour maximiser l'efficacité des ressources hydriques, surtout dans les régions semi-arides.
Les équipements mécanisés et solutions numériques facilitent la gestion des cultures et réduisent les pertes agricoles.

* Augmentation de la productivité :
En adoptant des pratiques basées sur les avancées scientifiques, les agriculteurs peuvent améliorer les rendements tout en minimisant l'utilisation de ressources.

* Réduire les pertes agricoles grâce à une meilleure planification et à une optimisation des ressources disponibles, notamment l'eau et les engrais.

* Contenu et méthodologie des formations
Les programmes de formation étaient conçus pour répondre aux besoins spécifiques des différentes régions agricoles du pays, en tenant compte des particularités climatiques, hydriques et sociales.

Parmi les thématiques abordées dans les sessions de formation, figuraient :

* Utilisation et entretien des équipements agricoles modernes
Les sessions de formation incluaient des démonstrations pratiques pour familiariser les agriculteurs avec les nouvelles machines.

* Techniques avancées d'irrigation :
Des ateliers sur les systèmes économes en eau, comme les installations goutte-à-goutte, étaient organisés pour encourager une gestion efficace des ressources hydriques.

* La gestion des cultures et des rendements : Les participants recevaient des conseils sur la rotation des cultures, l'usage des semences améliorées et la lutte contre les ravageurs.
Ces formations combinaient des sessions théoriques en salle et des démonstrations pratiques sur le terrain, avec le soutien d'experts en agronomie et en ingénierie agricole.

## Rotation des cultures

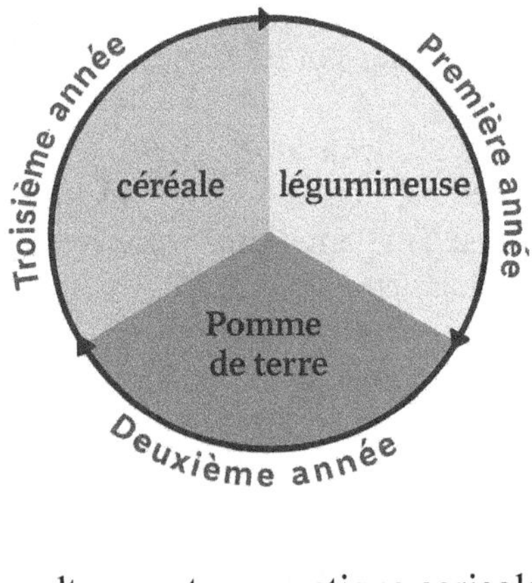


La rotation des cultures est une pratique agricole essentielle pour préserver la fertilité des sols et optimiser les rendements à long terme. Ce schéma illustre les étapes clés de ce cycle, en montrant comment les cultures peuvent être alternées pour :
* Améliorer la structure du sol.

* Réduire les maladies liées à des monocultures répétées.
* Maximiser l'utilisation des nutriments naturels.
Première année : Plantation de légumineuses (ex. : pois, trèfle) pour enrichir le sol en azote.
Deuxième année : Introduction de cultures céréalières (ex. : blé, maïs) qui utilisent les nutriments de façon équilibrée.
Troisième année : Plantation de cultures tubéreuses (ex. : pommes de terre) pour aérer le sol et renforcer la santé des racines.
*_Groupes cibles et inclusion
La circulaire visait à inclure tous les acteurs agricoles pour maximiser son impact :

Agriculteurs propriétaires de terres

Ils bénéficiaient directement des formations pour moderniser leurs exploitations.

Ouvriers agricoles

Les formations techniques amélioraient leur employabilité et leur capacité à gérer les exploitations.

Femmes et jeunes ruraux

Un effort particulier a été fait pour encourager leur participation active dans l'agriculture moderne, en particulier dans les régions défavorisées.

* Avancées et Contraintes
La circulaire de 2010 a contribué à une augmentation progressive des compétences techniques des agriculteurs dans plusieurs régions, ce qui a permis une adoption plus rapide des innovations agricoles.
De nombreux exploitants ont pu constater une amélioration de leur productivité et une utilisation plus efficace des ressources naturelles.

Cependant, certains défis ont freiné l'impact global du programme :
* Un manque d'accès à ces formations dans certaines zones reculées
Certaines régions isolées n'ont pas bénéficié pleinement des formations.
* Une inégalité dans la qualité de l'encadrement
La qualité des programmes était variable selon les régions, et certains formateurs manquaient de qualifications suffisantes.
* Une adoption lente par les agriculteurs plus âgés parfois réticents au changement ou peu familiarisés avec les technologies modernes.
En somme, la circulaire sur la formation agricole de 2010 a marqué une étape importante dans la modernisation du secteur agricole algérien. Elle a permis de mieux préparer les agriculteurs à relever les défis d'une agriculture compétitive et durable, tout en posant les bases d'un avenir plus technologique et efficace.

2.3 Décrets exécutifs 20-128 et 20-130

Promulgué en 2020, le décret exécutif n° 20-128 est un texte fondamental pour la restructuration et la modernisation du secteur agricole algérien. Il clarifie les responsabilités du ministère de l'Agriculture et du Développement Rural, et pose les bases d'une agriculture compétitive et durable.

Rôle central du ministère

Ce décret confère au ministère un rôle stratégique dans trois domaines principaux :

* La gestion des infrastructures agricoles :

Le ministère est chargé de superviser la construction, la réhabilitation et l'entretien des infrastructures essentielles, comme les systèmes d'irrigation modernes, les routes rurales pour relier les zones isolées, et les entrepôts de stockage des récoltes. Ces éléments constituent des fondations essentielles pour soutenir la compétitivité du secteur agricole.

* Soutien à l'innovation technologique :

En priorisant l'introduction d'équipements avancés (tracteurs, systèmes d'irrigation goutte-à-goutte, mécanisation agricole), le décret vise à moderniser les pratiques agricoles, tout en favorisant la gestion efficace des ressources naturelles.

* La coordination intersectorielle :

Le ministère collabore avec des institutions publiques, privées et des acteurs locaux pour garantir une approche intégrée et harmonisée de la modernisation agricole.

Objectifs stratégiques :

Le décret poursuit des objectifs ambitieux pour transformer l'agriculture en un moteur économique et environnemental :
* Renforcement de la productivité agricole :
En optimisant les rendements des exploitations et en réduisant les pertes post-récolte, il garantit une agriculture plus performante.
* Résilience face aux défis climatiques :
La modernisation des infrastructures agricoles, en particulier les systèmes d'irrigation économes en eau, permet de mieux gérer les ressources hydriques dans un contexte de stress climatique croissant.
* Intégration des zones rurales :
Le développement des routes et des chaînes logistiques modernisées connecte les exploitations rurales isolées aux marchés nationaux et internationaux, favorisant leur compétitivité.

Mécanismes de mise en œuvre :

Pour atteindre ces objectifs, le décret prévoit une série de mesures concrètes :
* Subventions et financements :
L'État offre un soutien financier aux agriculteurs et coopératives pour moderniser leurs infrastructures.
* Programmes de formation :
Des initiatives pédagogiques sont mises en place pour familiariser les exploitants agricoles avec les nouvelles technologies.

* Suivi et évaluation rigoureux :
Le ministère doit surveiller l'état d'avancement des projets et garantir leur impact durable.

Contraintes et perspectives :

Malgré les avancées prévues par le décret, plusieurs contraintes subsistent :
* Bureaucratie lourde :
Les procédures administratives complexes ralentissent souvent la mise en œuvre des projets.
* Inégalités régionales :
Les zones rurales éloignées ont un accès limité aux infrastructures modernes, creusant les disparités.
* Durabilité environnementale :
La modernisation doit s'accompagner d'une gestion responsable des ressources naturelles, notamment pour limiter l'impact écologique des nouvelles infrastructures.
* Perspectives
Une meilleure coordination entre les institutions publiques et privées pourrait accélérer la mise en œuvre des projets.
L'adoption de pratiques durables est essentielle pour garantir la pérennité des avancées

Organisation de l'inspection générale :

Le décret exécutif n° 20-130, également promulgué en 2020, a introduit une nouvelle structure pour l'inspection générale du ministère de l'Agriculture, visant à assurer une supervision rigoureuse des technologies modernes et des pratiques agricoles dans le cadre de la modernisation accélérée.
* Rôle et missions de l'inspection générale
L'inspection générale joue un rôle essentiel dans trois domaines :

- Supervision des technologies modernes : Elle surveille l'utilisation optimale des équipements, tels que les systèmes d'irrigation avancés ou les machines mécanisées, tout en garantissant leur conformité avec les normes établies.
- Évaluation des innovations : L'inspection analyse l'impact des innovations technologiques sur la productivité, la gestion des ressources naturelles et la durabilité agricole.

- Respect des réglementations : Elle veille au respect des lois concernant l'utilisation des infrastructures agricoles, garantissant un développement aligné sur les normes nationales et internationales.

Cas du réseau d'irrigation défaillant

Un agriculteur, confronté à la nécessité d'améliorer l'efficacité de son irrigation, investit dans un réseau de goutte-à-goutte. Cependant, les tuyaux fournis se révèlent de mauvaise qualité, ne respectant pas les spécifications techniques requises.
Cette défaillance entraîne non seulement une perte d'eau, mais également des dommages considérables aux cultures. En outre, les résultats médiocres obtenus provoquent un conflit entre les parties concernées : l'agriculteur réclame réparation auprès du fournisseur, argumentant que les pertes agricoles sont directement liées aux équipements défectueux.
Face à cette situation, une expertise est diligentée pour clarifier les responsabilités.
Celle-ci comprend plusieurs étapes :
* La convocation des parties pour recueillir leurs arguments et documents.
* Une inspection sur place du réseau d'irrigation installé.
* Une évaluation technique de la conformité des tuyaux aux normes en vigueur.
* La détermination des causes des dommages agricoles.
* Une estimation financière des pertes subies.
Ce cas met en lumière plusieurs problématiques structurelles : l'absence de contrôle rigoureux des équipements sur le marché, le manque de savoir-faire technique des agriculteurs et la faiblesse des mécanismes de régulation. Pour éviter de telles situations à l'avenir, il est indispensable de renforcer les politiques publiques en matière de formation, d'accompagnement des exploitants agricoles et de surveillance des normes de qualité.
* Évaluer l'efficacité des technologies : Elle doit analyser l'impact des innovations technologiques sur la productivité agricole, la gestion des ressources naturelles et la durabilité environnementale.
* Garantir le respect des réglementations : L'inspection générale s'assure que les exploitants agricoles et les institutions respectent

les lois et règlements en vigueur concernant l'utilisation des technologies modernes.

Organisation et fonctionnement :

L'inspection générale est structurée de manière à garantir son efficacité :
* Structure hiérarchique renforcée :
Placée sous l'autorité directe du ministère, l'inspection bénéficie d'une autonomie accrue pour exercer son rôle.
* Équipes spécialisées :
Des inspecteurs formés aux nouvelles technologies sont déployés pour effectuer des contrôles réguliers dans les exploitations agricoles.
* Rapports détaillés :
L'inspection produit des recommandations pratiques pour optimiser l'utilisation des infrastructures agricoles.

Contraintes rencontrées :

Malgré les avancées prévues par ce décret, certaines limitations ralentissent son efficacité :
* Manque de ressources humaines et matérielles :
L'efficacité de l'inspection générale dépend de la disponibilité d'inspecteurs qualifiés et d'outils modernes pour effectuer les contrôles.
* Adoption inégale des technologies :
Certaines régions, notamment les zones rurales isolées, peuvent avoir un accès limité aux technologies modernes, ce qui complique la supervision.
* Résistance au changement :
Certains agriculteurs, peu familiarisés avec les nouvelles technologies, peuvent être réticents à leur adoption, nécessitant un accompagnement supplémentaire.

## 3.Résultats et évolution

3.1 Expansion des surfaces irriguées

Grâce aux réformes, les terres irriguées ont atteint 1,6 million d'hectares. Cette augmentation, rendue possible par des technologies modernes comme l'irrigation goutte-à-goutte et les pivots, améliore la gestion hydrique et renforce la résilience face au changement climatique.

Évolution des superficies irriguées :

Le diagramme ci-dessous montre l'évolution des superficies irriguées en Algérie de 2000 à 2020. Cette tendance ascendante reflète les progrès réalisés grâce aux réformes agricoles et aux investissements dans les infrastructures hydriques, essentiels pour la sécurité alimentaire et la résilience climatique, il illustre la progression des surfaces irriguées en Algérie sur une période de 20 ans, mettant en évidence l'impact des réformes agricoles et hydriques qui ont favorisé l'expansion de l'irrigation. Cette courbe ascendante vise à visualiser clairement les progrès accomplis en matière de gestion de l'eau et de développement des infrastructures.

Évolution des surfaces irriguées (2000-2020)

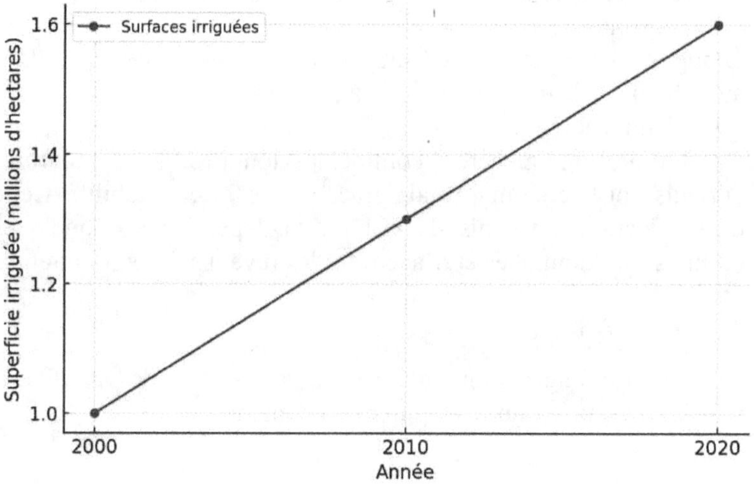

_**2000** : 1 million d'hectares
Représente les bases de l'irrigation avec des infrastructures limitées. Les pratiques agricoles étaient encore majoritairement dépendantes des précipitations naturelles.

_**2010** : 1,3 million d'hectares
Une augmentation notable de 30 %, résultat des premiers efforts de modernisation, tels que la mise en place de systèmes d'irrigation plus efficaces et des investissements dans les barrages hydrauliques.

_**2020** : 1,6 million d'hectares
Une croissance continue marquée par l'introduction de technologies modernes comme l'irrigation goutte-à-goutte et les projets stratégiques visant à améliorer la gestion des ressources hydriques.

3.2 Diversification agricole :

La diversification des cultures agricoles en Algérie a marqué une avancée significative. Les agriculteurs se sont orientés vers des cultures à haute valeur ajoutée, telles que :
_ Les dattes :
L'Algérie est l'un des plus grands producteurs mondiaux, avec une qualité reconnue sur les marchés internationaux.
_ Les agrumes :
Oranges, citrons et autres fruits tropicaux ont trouvé leur place aussi bien sur le marché local qu'à l'export.
_ Les légumes :
Des cultures maraîchères, comme les tomates et les poivrons, enrichissent l'économie rurale grâce à leur forte rentabilité. Cette diversification a permis de réduire la dépendance à quelques cultures traditionnelles et d'accroître les revenus des agriculteurs.

3.3 Objectifs futurs :

L'avenir de l'agriculture algérienne repose sur des ambitions stratégiques axées sur trois piliers fondamentaux :

_ Autosuffisance alimentaire :
Le développement agricole vise à réduire de manière significative la dépendance du pays aux importations alimentaires, en renforçant la production nationale, en particulier pour les denrées essentielles comme les céréales (blé, orge, maïs) et les légumineuses (lentilles, pois chiches, fèves). Cette démarche est essentielle pour assurer la sécurité alimentaire à long terme.
_ Innovation technologique :
L'intégration de technologies modernes est une priorité pour transformer l'ensemble du secteur agricole. Cela inclut l'amélioration de la gestion des cultures par des solutions numériques, l'optimisation des systèmes d'irrigation par des techniques avancées telles que le goutte-à-goutte, ainsi que la mécanisation des exploitations agricoles pour accroître leur efficacité.
_ Adaptation climatique :
Face aux défis posés par les changements climatiques, des pratiques agricoles résilientes et durables sont encouragées. L'utilisation de semences résistantes à la sécheresse et le développement de méthodes de conservation des sols et de l'eau figurent parmi les actions clés pour maintenir la productivité agricole tout en préservant les écosystèmes locaux.

### 3.4 Développement des exportations

Pour positionner l'Algérie comme un acteur compétitif sur les marchés agricoles internationaux, plusieurs initiatives stratégiques ont été mises en œuvre :
_ Incitations fiscales :
Les agriculteurs et entreprises agricoles exportatrices bénéficient de réductions fiscales et de processus administratifs simplifiés, facilitant ainsi leur accès aux marchés internationaux.
_ Certification des produits agricoles :
L'introduction de labels de qualité et de certifications conformes aux normes internationales a considérablement renforcé la compétitivité des produits algériens, notamment les dattes et l'huile d'olive.
Ces efforts visent à garantir une reconnaissance globale de la qualité des produits algériens, ouvrant de nouvelles opportunités sur les marchés étrangers.

3.5 Promotion des cultures stratégiques :

L'État met un accent particulier sur le développement des cultures stratégiques, essentielles pour la sécurité alimentaire et la croissance économique :

_ Céréales :

La production de blé, orge et maïs est renforcée pour garantir un approvisionnement régulier et stable pour la population.

Ce tableau illustre les variations dans la production céréalière algérienne suite à plusieurs réformes majeures qui ont conduit à une augmentation significative de la production céréalière atteignant 35 millions de quintaux.

Évolution de la production céréalière avant et après les réformes

| Période | Production totale (en quintaux) | Taux de variation |
|---|---|---|
| 2000-2009 | 43,9 millions | - |
| 2010-2017 | 27,6 millions | -37 % |
| Post-2017 | 35 millions | +26 % comparé à 2010-2017 |

Évolution des rendements moyens des céréales (qx/ha) en Algérie année : 2000-2009

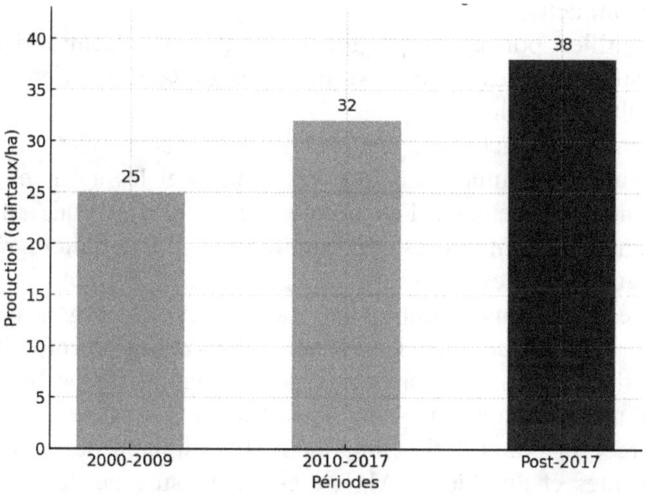


Ceci illustre l'évolution des rendements moyens des céréales (exprimés en quintaux par hectare) sur trois périodes distinctes :
- 2000-2009, 2010-2017 et Post-2017. Ces données reflètent les dynamiques de production agricole en fonction des réformes, des techniques adoptées, et des défis rencontrés au fil des années.
- 2000-2009 :
* Cette période est marquée par des rendements relativement modestes. Les raisons peuvent inclure une dépendance accrue aux pratiques agricoles traditionnelles, une infrastructure limitée, et des aléas climatiques qui ont freiné la productivité.
- 2010-2017 :
* Les barres indiquent une augmentation significative des rendements, attribuée à l'adoption de réformes agricoles et de nouvelles technologies, telles que des semences améliorées et des systèmes d'irrigation modernes.
* Le Programme National de Développement Agricole (PNDA/ PNDAR), instauré en Algérie durant cette période, semble avoir joué un rôle clé dans cette évolution post -2017 :
* Une progression continue est observée dans cette période, avec des rendements atteignant des niveaux élevés. Cela est en grande

partie dû à l'intégration de pratiques durables, à la mécanisation accrue des exploitations, et à une meilleure gestion des ressources naturelles.

_ Légumineuses :

Les lentilles, pois chiches et fèves jouent un rôle central dans la diversification des apports alimentaires et la promotion d'une agriculture plus durable.

_ Cultures maraîchères :

Les fruits et légumes, tels que les tomates et les agrumes, non seulement soutiennent l'économie rurale locale, mais offrent également de nombreuses opportunités pour l'exportation grâce à leur rentabilité élevée.

Ces résultats témoignent de la transformation progressive du secteur agricole algérien. Cependant, atteindre les objectifs futurs nécessite une mobilisation accrue des ressources financières, une modernisation constante des infrastructures et une vigilance renforcée face aux défis climatiques. En adoptant des stratégies innovantes et durables, l'Algérie est en mesure de devenir une puissance agricole capable de subvenir à ses besoins tout en s'imposant comme un acteur majeur sur les marchés internationaux.

# TROISIÈME PARTIE

*

# Défis, causes et obstacles structurels

# CHAPITRE I

## 1. Les problèmes et défis principaux

Le secteur agricole algérien fait face à une multitude de difficultés qui entravent sa progression et sa transformation. Parmi les plus marquants figurent :

### 1.1 Abandon des terres et spéculation foncière

Environ 30 % des terres agricoles restent inutilisées ou délaissées, ce qui représente un frein majeur à la productivité du secteur. Ces terrains, souvent laissés en friche, contribuent :

### 1.2 Perte de savoir-faire agricole :

L'abandon des terres entraîne une rupture dans la transmission des pratiques agricoles entre générations fragilisant le tissu rural.

### 1.3 Chômage et exode rural :

Les zones rurales voient leur population active diminuer, alimentant l'exode vers les villes et exacerbant les déséquilibres socio-économiques entre zones urbaines et rurales.

### 1.4 Spéculation foncière :

Les terres inutilisées sont souvent détenues par des investisseurs qui les conservent à des fins lucratives plutôt qu'agricoles.

## 2. Problèmes financiers et infrastructures

La hausse constante du coût des intrants agricoles (semences, engrais, pesticides) depuis une décennie, avec une augmentation estimée à 45 %, met les agriculteurs sous une pression économique accrue.

### 2.1 Accès insuffisant aux financements :

La majorité des petits exploitants agricoles n'obtiennent pas de crédits bancaires, limitant leur capacité à investir dans la modernisation de leurs exploitations.

2.2 Infrastructures défaillantes :

Le manque de routes rurales fonctionnelles et d'entrepôts modernes entrave le stockage des récoltes et leur acheminement vers les marchés

**3. Équipements obsolètes et manque de formation**

L'utilisation de machines vétustes et l'absence de mécanisation freinent les performances des exploitations agricoles

3.1 Rendements faibles :

La non-modernisation réduit la productivité agricole jusqu'à 40 % dans certaines régions.

3.2 Pénurie de formation :

Les agriculteurs ne disposent pas des compétences nécessaires pour adopter les technologies modernes, ce qui limite leur compétitivité.

**4. Exode rural et changements climatiques**

Les zones rurales se vident progressivement de leur population active :

4.1 Vieillissement démographique :

Avec un vieillissement des agriculteurs, de nombreuses exploitations ne trouvent pas de repreneurs.

4.2 Conflits familiaux :

Les rivalités liées à l'héritage des terres compliquent leur gestion, fragilisant les exploitations.

4.3 Déclin de la main-d'œuvre agricole :

La migration des jeunes vers les villes réduit le nombre de travailleurs disponibles pour les exploitations agricoles.

4.4 Changements climatiques :

Avec une baisse des précipitations de 20 % au cours des 30 dernières années, les ressources hydriques disponibles pour l'agriculture diminuent à un rythme inquiétant.

La production céréalière a chuté de 37 % entre 2019/2020 et 2020/2021, passant de 43,9 millions de quintaux à 27,6 millions de quintaux, en raison du stress hydrique.

La production d'agrumes, par exemple, a chuté de 15 % dans les régions semi-arides à cause de vagues de chaleur prolongées.

Une approche intégrée combinant financement, formation, et durabilité climatique est essentielle pour revitaliser le secteur agricole algérien.

# CHAPITRE II

Les problèmes mentionnés trouvent leurs origines dans des obstacles structurels, qui amplifient les tensions et limitent la modernisation du secteur.

**1. Causes et conséquences des obstacles structurels**

Les contraintes économiques pèsent lourdement sur les exploitants agricoles :

1.1 Difficulté d'accès aux crédits bancaires :

Seuls 15 % des petits agriculteurs bénéficient de prêts, tandis que les grands exploitants accaparent les financements grâce à des garanties solides.

1.2 Coûts élevés des intrants :

Le prix des semences, engrais et pesticides demeure prohibitif pour de nombreux agriculteurs, réduisant leur capacité de production.

1.3 Subventions mal réparties :

Les aides de l'État favorisent souvent les grands projets, marginalisant les petits exploitants.

1.4 Héritage et succession :

Les conflits liés à la transmission des terres compliquent la gestion des exploitations
_ Rivalités familiales :
Les tensions intergénérationnelles entravent la prise de décisions stratégiques.
_ Absence de transparence :
Dans les exploitations collectives, le manque de visibilité sur la répartition des revenus génère des frustrations et déséquilibres.

### 2. Gestion des ressources naturelles

L'accès à l'eau et aux ressources essentielles est source de rivalités :
Conflits entre agriculteurs et éleveurs :
La compétition pour les ressources hydriques limite les récoltes des cultures à haut besoin en eau, comme les céréales et les agrumes.

### 3. Conséquences sociales et économiques

L'absence d'une gestion coordonnée des ressources naturelles aggrave les pénuries et réduit l'efficacité des exploitations pour surmonter les obstacles structurels, il est primordial de favoriser une répartition équitable des ressources, de moderniser les infrastructures et de renforcer les initiatives de formation et d'accompagnement.

# CHAPITRE III

## 1. Propositions et recommandations

1.1 Renforcer la gestion des conflits en milieu agricole

Les conflits, bien qu'inévitables, peuvent être gérés de manière proactive pour assurer une exploitation agricole harmonieuse et productive.

1.2 Communication et médiation

_ Encourager le dialogue ouvert :
Instaurer des espaces de discussion où les membres d'une exploitation peuvent partager librement leurs idées et préoccupations. Une communication transparente favorise la coopération et réduit les tensions internes.
_ Recourir à une médiation externe :
Solliciter des médiateurs indépendants permet d'apporter une perspective impartiale et de faciliter des solutions acceptables pour toutes les parties impliquées.

1.3 Plans clairs et accords écrits

_ Définir les rôles et responsabilités :
Rédiger des accords précisant la répartition des tâches, des ressources et des revenus pour éviter les malentendus et anticiper les conflits.
_ Planifier les successions :
Formaliser, à travers des accords familiaux écrits, les conditions de transmission des terres pour prévenir les litiges.
Ces initiatives contribuent à renforcer la cohésion au sein des exploitations agricoles tout en assurant leur stabilité à long terme

## 2. Création de zones de développement agricole

L'identification et l'aménagement de zones stratégiques pour l'agriculture peuvent transformer le secteur, en augmentant la productivité et en attirant des investissements.

2.1 Identification des zones prioritaires :

Sélectionner des zones avec un potentiel agricole élevé et des conditions favorables pour le développement agricole. Ces zones devraient être choisies en fonction de critères tels que la qualité des sols, l'accès à l'eau, et les infrastructures existantes.

_ Qualité des sols :

Une analyse approfondie des sols doit être réalisée pour identifier les terres les plus fertiles et adaptées aux différentes cultures. Cette étape comprend l'évaluation des propriétés chimiques et physiques des sols, comme leur teneur en nutriments, leur capacité de rétention d'eau et leur structure.

_ Disponibilité des ressources en eau :

L'accès à des sources d'eau fiables est essentiel. Les zones proches de barrages, de rivières ou d'aquifères peuvent être favorisées. De plus, une étude sur la viabilité des systèmes d'irrigation doit être intégrée dans le processus de sélection.

_ Accessibilité :

Les zones doivent disposer d'infrastructures existantes ou potentielles facilitant le transport des produits agricoles, comme des routes, des pistes rurales et des marchés.

Conditions climatiques :

Il est nécessaire de considérer les caractéristiques climatiques des zones (précipitations, température, risque de sécheresse) pour s'assurer qu'elles sont adaptées aux cultures prioritaires.

2.2 Études de faisabilité : un outil clé pour le développement agricole :

La création de zones de développement agricole repose sur une planification rigoureuse, nécessitant des études de faisabilité approfondies pour garantir la viabilité des projets. Ces études permettent d'anticiper les défis liés à l'exploitation des terres, d'optimiser l'utilisation des ressources et de minimiser les risques environnementaux et sociaux.

_ Anticipation des défis : une approche préventive :

L'un des aspects fondamentaux des études de faisabilité est l'évaluation des risques pouvant compromettre la réussite des projets agricoles. Parmi ces risques, on retrouve :

* La dégradation des sols, due à l'érosion, à la surexploitation ou à l'appauvrissement des nutriments essentiels.
* Les conflits fonciers, qui peuvent émerger en raison de l'absence de titres de propriété clairs ou de revendications concurrentes sur les terres.
* Les contraintes climatiques, telles que la sécheresse ou les variations de température, qui influencent directement la productivité agricole.
* L'accès aux ressources hydriques, un facteur déterminant pour la pérennité des cultures et l'irrigation des exploitations. Pour répondre à ces défis, les études de faisabilité intègrent des analyses pédologiques (études des sols), des modélisations climatiques et des diagnostics fonciers afin de proposer des solutions adaptées à chaque région.

_ Visualisation stratégique : cartographie et planification
La mise en place de cartes stratégiques est essentielle pour organiser efficacement les interventions agricoles. Ces cartes permettent de :
* Identifier les zones les plus propices à l'exploitation agricole, en fonction de la qualité des sols et des ressources disponibles.
* Délimiter les espaces protégés, afin de préserver la biodiversité et d'éviter une expansion non contrôlée des activités agricoles.
* Optimiser l'aménagement des infrastructures, telles que les réseaux d'irrigation, les routes d'accès et les centres de stockage.
* Faciliter la prise de décision, en offrant une vision claire des opportunités et des contraintes propres à chaque territoire.
L'utilisation de systèmes d'information géographique (SIG) et de données satellitaires permet d'affiner ces analyses et d'adapter les stratégies de développement aux réalités du terrain.

_ Exemples concrets et perspectives
Des initiatives comme le Programme d'Action Pilote pour le Développement Rural et l'Agriculture (PAP-ENPARD) ont démontré l'importance des études de faisabilité dans la structuration des projets agricoles en Algérie. Ce programme a mis en place des diagnostics territoriaux participatifs, impliquant les acteurs locaux dans l'identification des meilleures pratiques pour valoriser les ressources agricoles.

Ainsi, les études de faisabilité constituent un levier stratégique pour assurer un développement agricole durable, en anticipant les défis et en structurant les interventions de manière efficace. Leur intégration dans les politiques agricoles permet de garantir une exploitation optimisée des terres tout en préservant les équilibres environnementaux et sociaux.

## 2.3 Implication des parties prenantes

Il est important d'impliquer les acteurs locaux dès cette phase. Cela inclut les agriculteurs, les autorités locales, et les experts en agriculture et environnement. Leur participation garantit une meilleure acceptation des projets et un partage des connaissances sur les spécificités locales.

## 2.4 Évolution à long terme

L'identification rigoureuse des zones prioritaires constitue un fondement pour un développement agricole durable et équitable. Ces zones, choisies stratégiquement en fonction de leur potentiel agricole, des ressources disponibles et des infrastructures existantes, peuvent devenir des pôles d'excellence. Elles attireraient des investissements nationaux et internationaux tout en servant de modèles pour d'autres régions du pays, favorisant une agriculture moderne et compétitive.

_ Exemples de réussite

- Ex I : L'agriculture irriguée dans la région de Oued el souf

Cette région a connu une intensification agricole marquée par le développement des cultures irriguées, notamment grâce à des programmes publics tels que la loi 83-18 et le Programme National de Développement Agricole (PNDA). L'utilisation de techniques modernes comme les pivots d'irrigation a permis une augmentation significative de la production agricole.

- Ex II : Le cas de la vallée de la Mitidja est un exemple concret pour illustrer l'identification de ces zones avec ses sols riches et sa disponibilité en eau, elle est déjà un pilier de l'agriculture en Algérie. Cette région, qui représente 40 % de la production nationale d'agrumes, illustre l'importance des ressources hydriques et des infrastructures modernes pour le développement agricole. Cela en fait un modèle pour d'autres zones à développer.

## 3. Formation et innovation pour les agriculteurs

### 3.1 Programmes de formation continue

Les programmes de formation continue jouent un rôle essentiel dans la modernisation du secteur agricole en Algérie. Face aux défis liés aux changements climatiques, à la compétitivité internationale et à l'évolution des techniques de production, ces initiatives permettent aux agriculteurs d'acquérir des compétences adaptées aux nouvelles exigences du marché. Elles visent à renforcer leur expertise dans divers domaines, allant de l'optimisation des rendements à l'adoption de pratiques agricoles durables.

_ Objectifs et enjeux
L'objectif principal de ces formations est de professionnaliser les acteurs du secteur en leur fournissant des connaissances actualisées sur les méthodes de culture, la gestion des ressources naturelles et l'utilisation des technologies modernes. Elles permettent également de sensibiliser les agriculteurs aux enjeux environnementaux et aux stratégies de préservation des sols et de l'eau. En intégrant des modules sur la gestion entrepreneuriale et la commercialisation des produits agricoles, ces programmes contribuent à rendre les exploitants plus autonomes et compétitifs.

_ Types de formations proposées
Les formations continues sont organisées par plusieurs institutions, notamment la Chambre d'agriculture, les instituts spécialisés et les programmes gouvernementaux. Elles couvrent des thématiques variées :
* Techniques culturales avancées, incluant l'irrigation moderne et l'amélioration des semences.
* Gestion durable des ressources, avec un accent sur la préservation des sols et l'optimisation de l'eau.
* Utilisation des nouvelles technologies agricoles, telles que les drones pour le suivi des cultures et les capteurs intelligents pour la gestion des exploitations.
* Formation en apiculture et en extraction d'huiles essentielles, qui connaissent un essor important.

* Encadrement en agro-écologie, visant à promouvoir des pratiques respectueuses de l'environnement.

_ Impact et perspectives

Grâce à ces formations, les agriculteurs bénéficient d'un accompagnement technique et stratégique, leur permettant d'améliorer leur productivité et de diversifier leurs activités. Les résultats sont visibles à travers l'augmentation des rendements, la réduction des pertes et l'adoption de méthodes plus efficaces. À long terme, ces initiatives contribuent à renforcer la souveraineté alimentaire du pays et à stimuler l'économie rurale.

Ainsi, la formation continue représente un levier incontournable pour assurer la transition vers une agriculture moderne et durable en Algérie. Son développement et sa généralisation permettront aux agriculteurs de mieux s'adapter aux évolutions du secteur et de relever les défis futurs.

_ Objectifs principaux

Renforcement des compétences en gestion agricole :

Enseigner des pratiques de planification et d'optimisation des ressources pour maximiser les profits.

En adoption de technologies modernes :

Former les exploitants à l'utilisation de machines agricoles, de systèmes d'irrigation innovants, et de solutions numériques.

Inclusion sociale :

Assurer un accès équitable pour les jeunes, les femmes, et les agriculteurs des zones rurales isolées afin de réduire les disparités régionales.

_ Exemple réussi

La coopérative agricole de Constantine :

Grâce aux formations continues, un groupe d'agriculteurs a transformé ses pratiques, adoptant des techniques modernes d'irrigation et de cultures à haute valeur ajoutée. Résultat : une augmentation de 30 % des rendements agricoles et une meilleure qualité des produits.

3.2 Soutien technique personnalisé

Renforcer les services de vulgarisation agricole :

* Organisation de visites de terrain
Des experts techniques se déplacent directement sur les exploitations pour évaluer les pratiques existantes et proposer des solutions sur mesure.
Ces visites permettent de diagnostiquer les défis spécifiques (qualité des sols, rendement des cultures) et de démontrer les solutions adaptées.
* Ateliers pratiques et démonstrations
Formation sur l'utilisation et l'entretien de machines agricoles modernes.
Démonstrations sur le terrain des systèmes d'irrigation, comme les pivots ou goutte-à-goutte, pour maximiser l'efficacité de l'eau et garantir des rendements stables.
* Conseils spécialisés
Accompagnement des agriculteurs sur la rotation des cultures, la gestion des engrais, et la lutte intégrée contre les ravageurs.

Mettre en place un réseau d'experts locaux :
* Création de pôles d'expertise régionaux
Chaque région bénéficierait de centres d'assistance composés d'agronomes, de techniciens et d'ingénieurs spécialisés, disponibles pour répondre rapidement aux besoins des agriculteurs.
* Formation des experts locaux
Ces techniciens doivent être formés en continu pour rester à jour sur les technologies émergentes et les meilleures pratiques agricoles.
* Impact attendu
L'établissement de ce réseau favorise une interaction directe entre agriculteurs et experts, garantissant une adoption plus rapide des innovations technologiques.

3.3 Accès facilité aux intrants agricoles

_ Analyse et développement
L'accès aux intrants agricoles de qualité (semences, engrais, produits phytosanitaires) est un facteur clé pour améliorer les rendements et garantir la durabilité des exploitations.

_ Subventions et distribution d'intrants agricoles :
* Semences améliorées
Fournir des graines certifiées et adaptées aux spécificités climatiques de chaque région. Ces semences augmentent la résilience des cultures face aux conditions extrêmes, telles que la sécheresse ou les fortes températures.
* Engrais adaptés aux cultures locales
Proposer des engrais qui répondent précisément aux besoins des sols et des cultures (azote, phosphore, potassium), tout en minimisant les impacts environnementaux.
* Produits phytosanitaires
Mettre à disposition des traitements contre les maladies et ravageurs, tout en encourageant l'utilisation raisonnée pour limiter les résidus chimiques dans l'environnement.

_ Simplifier les procédures d'approvisionnement :
* Défis actuels et solutions pour l'accès aux intrants agricoles en zones rurales
Les zones rurales isolées en Algérie font face à des obstacles majeurs dans l'accès aux intrants agricoles, essentiels à la productivité et à la pérennité des exploitations. Ces difficultés sont principalement dues à une logistique inefficace, à des procédures administratives complexes et à un manque d'infrastructures adaptées. Ces contraintes ralentissent l'approvisionnement des agriculteurs en semences, engrais, matériel agricole et autres ressources indispensables, compromettant ainsi la rentabilité des exploitations et la stabilité du secteur.

_ Défis majeurs
* Problèmes de transport et de distribution : Les routes menant aux zones rurales sont souvent en mauvais état, ce qui complique l'acheminement des intrants agricoles.
* Lourdeur administrative : Les démarches pour obtenir des subventions ou accéder aux équipements agricoles sont longues et parfois peu accessibles aux petits exploitants.
* Manque de coordination entre les acteurs du secteur : L'absence de plateformes centralisées rend difficiles la gestion des stocks et la répartition des ressources.

* Coût élevé des intrants : En raison des difficultés logistiques, les prix des intrants agricoles peuvent être plus élevés dans les zones reculées, limitant l'accès des agriculteurs aux produits essentiels.

**Solutions proposées**

1. Mise en place de guichets uniques en zones rurales

L'instauration de guichets uniques permettrait de centraliser l'accès aux subventions, aux équipements et aux intrants agricoles. Ces structures faciliteraient les démarches administratives en regroupant plusieurs services en un seul point d'accès. Elles offriraient :

* Un accompagnement personnalisé pour aider les agriculteurs à naviguer dans les procédures administratives.
* Une meilleure coordination entre les fournisseurs et les exploitants pour assurer une distribution plus efficace des intrants.
* Une réduction des délais d'attente pour l'obtention des aides et des équipements nécessaires.

2. Numérisation des procédures administratives

La digitalisation des services agricoles permettrait aux agriculteurs de commander leurs intrants en ligne, réduisant ainsi les déplacements et les délais d'approvisionnement.

Un système de livraison directe pourrait être mis en place pour acheminer les produits commandés jusqu'aux exploitations. Les avantages de cette approche incluent :

* Une simplification des démarches grâce à des plateformes accessibles via Smartphone ou ordinateur.
* Une transparence accrue dans la gestion des subventions et des aides agricoles.
* Une meilleure traçabilité des commandes pour éviter les ruptures de stock et optimiser la distribution.

_ Perspectives et impact attendu

L'amélioration de l'accès aux intrants agricoles en zones rurales contribuerait à renforcer la productivité du secteur, **à** réduire les inégalités entre les exploitants et à favoriser une agriculture plus compétitive et durable. En combinant modernisation des infrastructures, simplification administrative et innovation technologique, ces solutions pourraient transformer le paysage agricole algérien et garantir un développement plus équilibré du secteur.

3.4 Modèle concret

Témoignage d'un agriculteur de Timimoune :
Cet exploitant du Sud algérien, cultivant blé et maïs sur 50 hectares, illustre les bénéfices des rampes pivots et des semences certifiées.
Il atteint des rendements notables (70 quintaux/hectare pour le blé, 90 quintaux/hectare pour le maïs), mais signale les défis liés à l'accès à l'électricité et aux intrants dans une région éloignée.
_ Leçons tirées :
Ce témoignage souligne l'importance de la qualité des semences et des équipements modernes, mais aussi la nécessité de simplifier l'approvisionnement et les démarches administratives pour les agriculteurs des régions isolées.

**4. Planification économique et renforcement des structures étatiques**

La solidité des institutions et une approche économique cohérente sont des éléments essentiels pour la modernisation du secteur agricole.

4.1 Renforcement institutionnel

_ Formation du personnel :
Les institutions agricoles doivent disposer de cadres compétents capables de planifier et de coordonner efficacement les initiatives de développement rural.
Programmes de formation continue pour les fonctionnaires, axés sur la gestion des projets agricoles et la résolution des conflits fonciers.
_ Modernisation des infrastructures administratives :
Numérisation des services (gestion des subventions, suivi des exploitations) pour réduire les délais et améliorer la transparence.

Développement de centres régionaux pour une prise en charge rapide des besoins locaux.

4.2 Coordination intersectorielle

_ Création de synergies entre secteurs clés :
- Encourager une collaboration entre agriculture, environnement, énergie et infrastructures pour optimiser les ressources disponibles.
Par exemple, intégrer les énergies renouvelables, comme le solaire, pour réduire les coûts d'irrigation dans les zones isolées
- Aligner les politiques agricoles sur les objectifs environnementaux et économiques pour assurer une approche intégrée et durable. En Algérie, les tensions entre expansion agricole, conservation des ressources naturelles et croissance économique nécessitent des solutions coordonnées et équilibrées.
Les sols, l'eau et la biodiversité sont des éléments essentiels pour l'agriculture. Une gestion irresponsable de ces ressources conduit à leur épuisement, ce qui menace la sécurité alimentaire. Intégrer des objectifs environnementaux dans les politiques agricoles garantit leur préservation pour les générations futures.

4.3 Planification économique à long terme

- Élaborer des plans stratégiques agricoles, intégrant les tendances des marchés locaux et internationaux, les besoins des exploitants et les enjeux climatiques.
Identifier les produits agricoles les plus demandés au niveau national pour orienter les efforts de production et de distribution.
Par exemple, prioriser la culture des céréales et des légumineuses, qui répondent aux besoins alimentaires essentiels.
Identifier les opportunités d'exportation pour des produits spécifiques, comme les dattes ou l'huile d'olive, qui bénéficient d'une reconnaissance mondiale. Étudier les normes de qualité, les certifications et les exigences des pays importateurs.
Développer des stratégies spécifiques à chaque région agricole selon les caractéristiques des sols, du climat et des infrastructures disponibles.
- Mettre en place des indicateurs de suivi et d'évaluation, permettant d'ajuster les stratégies selon les résultats obtenus.

Mesurer les rendements par hectare pour chaque culture prioritaire. Suivre la consommation d'eau par hectare et analyser les gains réalisés grâce aux systèmes modernes d'irrigation.
- Mettre en place des systèmes digitaux accessibles aux agriculteurs pour enregistrer les données liées à la production, à la gestion des intrants, et aux conditions climatiques.
Produire des rapports réguliers par région pour identifier les avancées et les obstacles rencontrés dans chaque zone agricole.

## 5. Encouragement à l'innovation et à la recherche

L'innovation est un levier indispensable pour assurer la compétitivité de l'agriculture algérienne à l'échelle mondiale.
- Investir dans la recherche agricole : Le développement de centres de recherche spécialisés représente un levier essentiel pour accélérer la modernisation du secteur agricole algérien. Ces centres peuvent axer leurs travaux sur les cultures locales, la gestion durable des ressources et l'adaptation aux impacts des changements climatiques.

### 5.1 Usage efficace des ressources

Les centres de recherche se concentrent sur :
- Techniques économes en eau : Promouvoir des systèmes comme l'irrigation goutte-à-goutte pour maximiser l'efficacité de l'eau utilisée tout en réduisant les pertes.
- Conservation des sols : Lutter contre l'érosion par des pratiques agricoles qui préservent la qualité et la structure des terres.

### 5.2 Cultures adaptées aux contraintes climatiques

- Semences résistantes : Développer des variétés capables de survivre aux sécheresses prolongées et aux températures extrêmes.
- Sélection locale : Prioriser les cultures mieux adaptées aux conditions spécifiques de chaque région.

### 5.3 Stratégies agricoles durables

- Rotation des cultures : Maintenir la fertilité des sols en alternant les cultures pour prévenir leur appauvrissement.

- Adoption de l'agro-écologie : Réduire la dépendance aux intrants chimiques en intégrant des méthodes respectueuses de l'environnement.

Accessibilité des innovations

Pour garantir un impact concret, les recherches doivent être accompagnées de stratégies facilitant leur adoption par les acteurs agricoles :

- Partenariats stratégiques : Impliquer les instituts de recherche, entreprises agricoles et coopératives pour accélérer le transfert des technologies vers les exploitants.
- Soutien aux agriculteurs : Subventionner l'achat et l'installation d'équipements modernes, comme les systèmes d'irrigation intelligents ou les outils numériques, pour réduire les coûts liés à l'innovation.

Témoignage et succès notable

Cas d'un agriculteur de Biskra

Un exploitant de la région témoigne des résultats obtenus avec la variété de tomate INOVA, qui a permis d'atteindre des rendements exceptionnels en termes de quantité et de qualité.

Entre 2000 et 2017, la production de tomates industrielles dans cette région a augmenté de 136 %, passant de 200 quintaux/ha à 500 quintaux/ha, grâce aux avancées technologiques issues des recherches agricoles.

Synthèse et perspectives

Avec des progrès marquants dans les cultures maraîchères (+44 % de superficie entre 2000 et 2017) et une superficie irriguée atteignant 1,6 million d'hectares, l'Algérie dispose de bases solides pour devenir une force agricole compétitive. Toutefois, pour surmonter les défis liés aux contraintes climatiques et économiques, il est essentiel de :

- Intensifier les investissements dans la recherche agricole pour continuer à développer des technologies adaptées aux réalités locales.
- Étendre les aides aux exploitants pour rendre les innovations accessibles à tous.
- Renforcer la durabilité des pratiques agricoles pour assurer une croissance équilibrée et respectueuse des écosystèmes.

# QUATRIÈME PARTIE

*

# Réformes internationales et modèles réussis

# CHAPITRE I
# Le Brésil

## 1. Expansion et recherche scientifique

Le Brésil est aujourd'hui l'un des leaders mondiaux en matière de production agricole, notamment grâce à des réformes ambitieuses et à une forte orientation vers la recherche et l'innovation. L'un des piliers de cette transformation est l'Embrapa (Entreprise brésilienne de recherche agricole), qui a joué un rôle déterminant dans le développement de nouvelles techniques adaptées aux spécificités du territoire brésilien.

### 1.1 Création de l'Embrapa (Entreprise de recherche agricole)

Création de l'Embrapa : un tournant pour l'agriculture brésilienne

Fondée en 1973, l'Embrapa a révolutionné le secteur agricole en mettant l'accent sur la recherche scientifique et l'innovation technologique. Son objectif principal était de développer des variétés de cultures adaptées aux sols tropicaux et aux climats chauds, permettant ainsi une exploitation plus efficace des terres autrefois jugées improductives. Grâce à ses travaux, l'Embrapa a contribué à l'essor de l'agriculture brésilienne en améliorant la productivité et en favorisant la durabilité des exploitations.

### 1.2 Recherches et transformation des sols

L'un des défis majeurs auxquels le Brésil était confronté était la nature acide des sols du Cerrado, qui limitait leur fertilité. Les chercheurs de l'Embrapa ont mis au point des techniques d'amendement calcique, permettant de neutraliser l'acidité et de rendre ces terres arables. Cette avancée a été essentielle pour transformer le Cerrado en une région agricole prospère, capable de produire des cultures à grande échelle.

### 1.3 Développement des technologies agricoles

L'innovation ne s'est pas limitée à l'amélioration des sols. Le Brésil a également investi massivement dans la mécanisation

agricole, introduisant des équipements modernes pour optimiser la productivité. Parmi les avancées notables :
- L'utilisation de drones pour surveiller les cultures, détecter les maladies et identifier les zones affectées par des ravageurs.
- L'introduction de machines agricoles sophistiquées, permettant une récolte plus rapide et efficace.
- Le développement de systèmes de gestion intelligente, intégrant des capteurs et des logiciels pour optimiser l'irrigation et l'utilisation des intrants

## 2. Exploitation des terres fertiles

2.1 La transformation du Cerrado :

Un succès agricole Autrefois considéré comme infertile, le Cerrado est aujourd'hui l'une des régions agricoles les plus productives du Brésil. Grâce aux recherches menées par l'Embrapa et aux investissements en infrastructures, cette zone est devenue un épicentre de la production de soja et de maïs, contribuant largement aux exportations agricoles du pays. La mise en place de techniques de conservation des sols et l'adoption de pratiques agricoles durables ont permis de préserver l'équilibre écologique tout en maximisant les rendements.

2.2 Projections et impact global

Le modèle brésilien illustre comment une politique agricole axée sur la recherche et l'innovation peut transformer un territoire et renforcer la compétitivité d'un pays sur le marché mondial. L'expérience du Brésil offre des enseignements précieux pour d'autres nations cherchant à moderniser leur agriculture et à exploiter efficacement leurs ressources naturelles.

## 3. Expansion et exportation : une puissance agricole mondiale

Le Brésil s'est imposé comme l'un des leaders mondiaux de l'exportation agricole grâce à une stratégie axée sur des produits à forte demande internationale.
Son climat favorable, ses vastes terres arables et ses avancées technologiques lui ont permis de devenir un acteur incontournable du commerce agroalimentaire.

### 3.1 Soja : une domination mondiale

Le Brésil est aujourd'hui le premier exportateur mondial de soja, un produit essentiel pour l'industrie agroalimentaire et l'alimentation animale. La culture du soja s'est développée de manière exponentielle, notamment dans la région du Cerrado, où des techniques innovantes ont permis de transformer des terres autrefois considérées comme infertiles en surfaces hautement productives. La demande mondiale, notamment en Chine, a renforcé la position du Brésil sur le marché, faisant du pays un fournisseur clé pour les industries de transformation.

### 3.2 Viande bovine : un marché stratégique

Le Brésil joue un rôle majeur dans l'exportation de viande bovine, répondant à près de 20 % de la demande mondiale. Grâce à des pratiques d'élevage intensif et à l'optimisation des chaînes de production, le pays a su s'adapter aux exigences des marchés internationaux. Les principaux importateurs incluent la Chine, l'Union européenne et le Moyen-Orient, où la qualité et la traçabilité des produits brésiliens sont particulièrement valorisées.

### 3.3 Café : une tradition exportatrice

Le Brésil reste le plus grand exportateur de café au monde, bénéficiant d'une reconnaissance internationale pour la qualité de ses grains. Les plantations brésiliennes, réparties principalement dans les États de Minas Gerais et São Paulo, produisent des variétés prisées sur le marché mondial. L'innovation dans les méthodes de récolte et de traitement a permis d'améliorer la compétitivité du secteur, consolidant la position du pays comme leader incontesté.

## 4. Résultats obtenus : une agriculture en pleine croissance

### 4.1 Augmentation des rendements agricoles

L'essor du secteur agricole brésilien repose sur des avancées majeures en matière de recherche et de mécanisation. En 30 ans, les rendements du soja ont doublé, grâce à l'introduction de semences améliorées et à l'utilisation de machines agricoles modernes. Ces progrès ont permis d'optimiser la production tout en réduisant les coûts d'exploitation.

4.2 Impact économique et commercial

L'expansion des exportations agricoles a contribué à renforcer l'économie brésilienne, générant des revenus considérables et stimulant le développement rural. Le pays a su diversifier ses marchés et améliorer ses infrastructures logistiques pour répondre aux exigences du commerce international. Cette dynamique a également favorisé l'innovation dans les pratiques agricoles, garantissant une compétitivité accrue sur le long terme.
Ainsi, le modèle brésilien illustre comment une stratégie fondée sur l'innovation et l'optimisation des ressources peut transformer un pays en puissance agricole mondiale. Son expérience offre des enseignements précieux pour les nations cherchant à moderniser leur agriculture et à maximiser leur potentiel exportateur.

Contribution à l'économie nationale :
* L'agriculture représente environ 25 % du PIB brésilien.
* Réduction de la pauvreté rurale :
L'amélioration des infrastructures rurales et l'expansion des opportunités d'emploi ont contribué à réduire les inégalités.

Évolution de la production du soja au Brésil

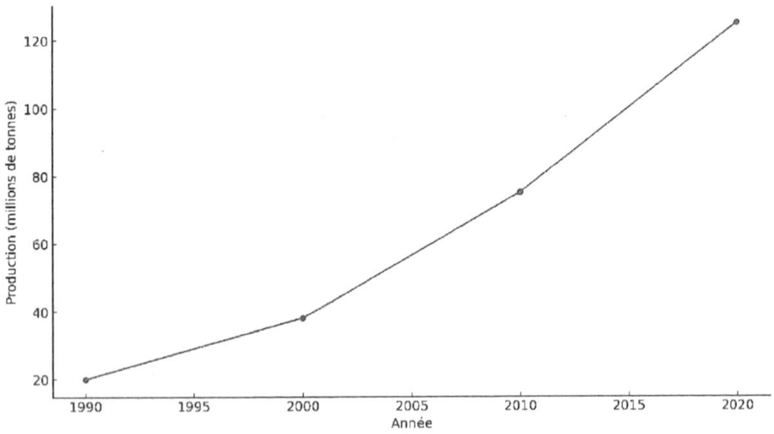

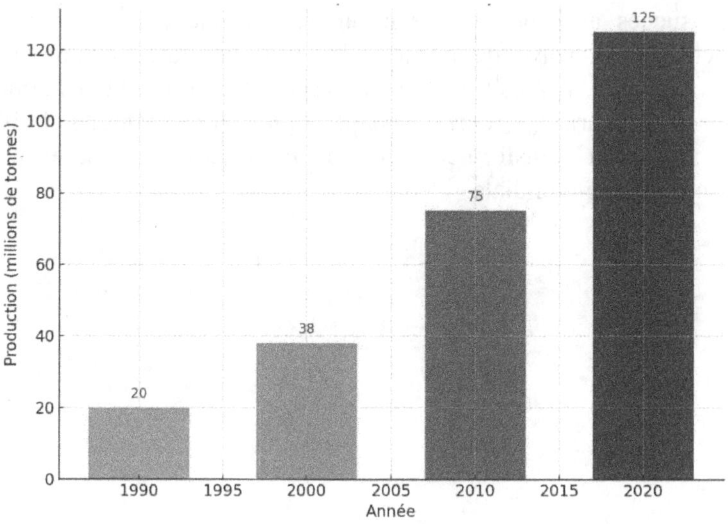


Représentation de l'augmentation de la production de soja (en millions de tonnes) :
1990 : 20 millions de tonnes.
2000 : 38 millions de tonnes.
2010 : 75 millions de tonnes.
2020 : 125 millions de tonnes.

Le modèle brésilien peut offrir des pistes pour le développement agricole en Algérie :

_ Investir dans la recherche agricole :
Créer des centres de recherche similaires à l'Embrapa pour développer des semences adaptées aux conditions climatiques algériennes.

_ Améliorer la mécanisation :
Introduire des technologies modernes, comme les drones et les capteurs, pour optimiser les rendements agricoles.

_ Diversifier les cultures et cibler l'exportation :
S'inspirer du Brésil pour identifier les produits ayant un potentiel d'exportation, comme les dattes ou l'huile d'olive.

Le succès agricole du Brésil repose sur une combinaison de recherche intensive, de mécanisation et d'ouverture au commerce international. L'Algérie, avec ses vastes ressources et ses zones agricoles variées, pourrait adapter plusieurs stratégies brésiliennes pour transformer son secteur agricole et assurer une compétitivité mondiale.

# CHAPITRE II
# La France

## 1. Diversité des cultures et les politiques publiques

L'agriculture française, longtemps marquée par une fragmentation des terres et des pratiques traditionnelles, a connu une transformation profonde à partir du XXe siècle. Cette modernisation s'est appuyée sur des politiques agricoles ambitieuses, une mécanisation accrue, et une approche axée sur la durabilité. L'un des piliers de cette évolution a été la Politique agricole commune (PAC), mise en place en 1962 au niveau européen.

### 1.1 La Politique agricole commune (PAC) :

La PAC a été instaurée pour soutenir les agriculteurs européens, garantir une sécurité alimentaire et stabiliser les marchés agricoles. Elle repose sur plusieurs principes fondamentaux :
- Une régulation des prix pour assurer des revenus stables aux producteurs.
- Des subventions agricoles permettant aux exploitants d'investir dans des équipements modernes et d'améliorer leur productivité.
- Une harmonisation des pratiques agricoles à l'échelle européenne pour renforcer la compétitivité du secteur. Grâce à ces mesures, la France a pu moderniser ses exploitations, développer des infrastructures agricoles performantes, et renforcer son positionnement sur le marché européen.

### 1.2 Modernisation des techniques agricoles :

L'un des impacts majeurs de la PAC a été **l'**introduction de nouvelles technologies agricoles.
La mécanisation a permis :
- Une augmentation des rendements, grâce à l'utilisation de machines agricoles sophistiquées.
- Une réduction de la pénibilité du travail, facilitant la gestion des exploitations.
- Une meilleure gestion des ressources, notamment avec l'optimisation de l'irrigation et l'utilisation de semences améliorées.

Par ailleurs, la PAC a encouragé l'innovation dans les pratiques agricoles, avec le développement de cultures adaptées aux conditions climatiques et l'intégration de techniques agroécologiques.

1.3 Amélioration de la compétitivité sur le marché européen :

La PAC a permis à la France de renforcer sa position sur le marché agricole européen en favorisant :
- L'exportation de produits agricoles vers les autres pays membres.
- La diversification des filières, avec un soutien aux productions locales et aux cultures stratégiques.
- Une meilleure structuration des exploitations, garantissant une gestion plus efficace des ressources et une adaptation aux exigences du marché.

1.4 Développement et contraintes :

Si la PAC a largement contribué à la modernisation de l'agriculture française, elle doit aujourd'hui répondre à de nouveaux enjeux :
- L'adaptation aux défis climatiques, avec une gestion plus durable des ressources naturelles.
- Le soutien aux petites exploitations, qui doivent faire face à la concurrence des grandes structures agricoles.
- L'intégration des nouvelles technologies, notamment l'agriculture de précision et la digitalisation des exploitations.

Ainsi, la PAC demeure un outil stratégique pour garantir la pérennité du secteur agricole français, tout en assurant une transition vers des pratiques plus durables et compétitives.

**2.Diversification et mécanisation**

2.1 Diversification

La France a diversifié ses productions agricoles pour répondre à la demande nationale et internationale :
* Grandes cultures céréalières (blé, maïs).
* Viticulture (leader mondial pour le vin).
* Produits laitiers et viande.

2.2 Mécanisation et innovation

_ Introduction de machines agricoles modernes :
- En France, la mécanisation a permis d'augmenter les rendements et de réduire la pénibilité du travail.
- Les tracteurs et moissonneuses-batteuses ont révolutionné les grandes cultures comme le blé.
_ Recherche agricole :
Des centres comme l'INRA (Institut national de la recherche agronomique) ont joué un rôle clé en développant des semences résistantes et des techniques innovantes.

**3. Développement durable**

La France a adopté des pratiques agricoles respectueuses de l'environnement :
- Réduction de l'utilisation des pesticides et encouragement de l'agriculture biologique.
- Rotation des cultures et agroforesterie pour préserver la qualité des sols.

**4. Résultats obtenus**

4.1 Autosuffisance alimentaire :

- La France est capable de nourrir sa population tout en exportant massivement des produits agricoles.
_ Leadership dans le vin :
- La viticulture française contribue fortement à son économie, avec des régions comme Bordeaux et Champagne reconnues mondialement.
_ Croissance rurale :
Grâce aux subventions et à la modernisation, les régions rurales françaises ont bénéficié d'infrastructures renforcées.

4.2 Répartition de l'agriculture en France :

L'agriculture française repose sur une diversification des productions, permettant au pays de maintenir une position dominante sur le marché européen et mondial. La répartition des principales filières agricoles met en évidence une structuration efficace du secteur :

- 40 % : Céréales – La France est l'un des plus grands producteurs de céréales en Europe, notamment de blé tendre, utilisé pour la fabrication de farine et de produits dérivés. La culture céréalière bénéficie de techniques avancées, telles que l'agriculture de précision et l'optimisation des intrants, garantissant des rendements élevés.
- 30 % : Produits laitiers – Le pays est reconnu pour son industrie laitière, qui repose sur une forte mécanisation et des normes de qualité strictes. La production de lait est soutenue par des politiques agricoles favorisant la modernisation des exploitations et l'amélioration des conditions d'élevage.
- 10 % : Viande – L'élevage bovin, porcin et avicole constitue une part importante de l'agriculture française. La filière viande bénéficie de réglementations strictes en matière de traçabilité et de bien-être animal, renforçant la compétitivité des produits sur le marché international.

### 4.3 Enseignements pour l'Algérie

L'Algérie, qui cherche à moderniser son secteur agricole, pourrait s'inspirer des stratégies françaises tout en tenant compte de ses spécificités locales :
- Optimisation des cultures céréalières : L'introduction de semences améliorées et de techniques de gestion des sols pourrait accroître les rendements et réduire la dépendance aux importations.
- Développement de l'industrie laitière : La mise en place de coopératives et l'amélioration des infrastructures de transformation du lait pourraient renforcer la production nationale.
- Valorisation de la viticulture : L'Algérie possède un climat propice à la culture de la vigne. Une meilleure structuration du secteur viticole pourrait favoriser les exportations et la diversification des produits.
- Renforcement de l'élevage : L'amélioration des systèmes d'alimentation et de gestion des troupeaux permettrait d'augmenter la production de viande tout en garantissant une meilleure qualité.

Ainsi, en adaptant certaines stratégies françaises, l'Algérie pourrait accélérer la modernisation de son agriculture et renforcer sa souveraineté alimentaire

Évolution de la production agricole française (milliards d'euros)

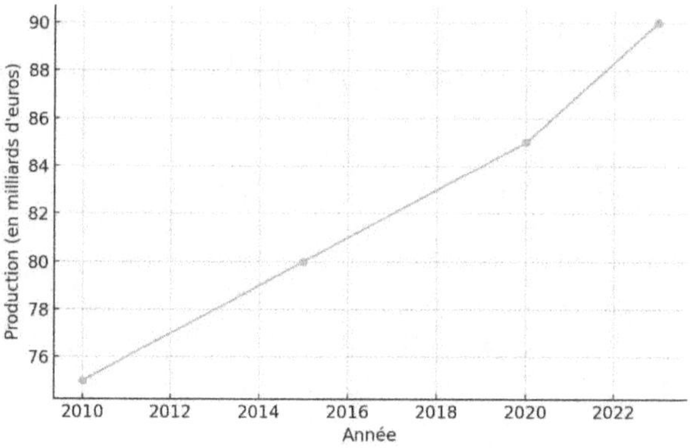


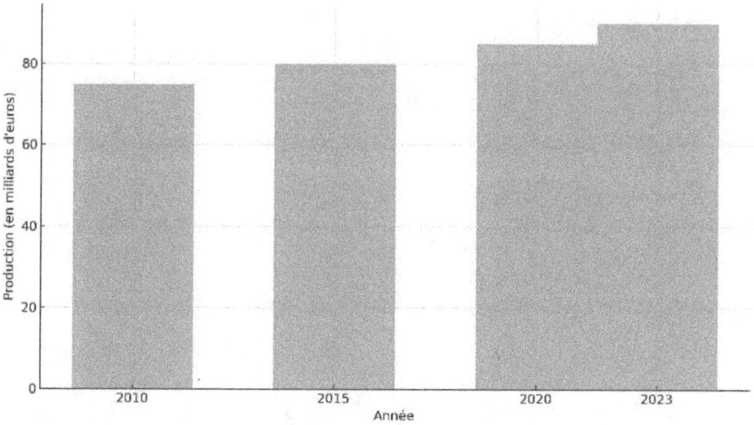


Production agricole totale (Milliards d'euros)

2010 : 75
2015 : 80
2020 : 85
2023 : 90

# CHAPITRE III
# Les Pays-Bas

## 1. Un modèle d'agriculture innovante et durable

Les Pays-Bas, malgré leur petite superficie, sont aujourd'hui le deuxième exportateur agricole mondial. Cette réussite repose sur une approche hautement technologique, une optimisation maximale des terres cultivables, et une stratégie d'exportation ciblée. Avec seulement 18 % de terres arables, le pays a su développer une agriculture efficace et durable, en intégrant des innovations qui maximisent la productivité tout en réduisant l'impact environnemental.

## 2. Contexte historique : une agriculture innovante

Les Pays-Bas ont longtemps été confrontés à des défis liés à leur manque d'espace agricole et à des conditions climatiques parfois difficiles. Pour surmonter ces contraintes, ils ont misé sur une agriculture de précision, combinant recherche scientifique, technologies avancées, et pratiques durables. Cette approche leur a permis de produire deux fois plus de nourriture avec deux fois moins de ressources, un principe qui guide leur politique agricole depuis plusieurs décennies.

## 3. Techniques clés et innovation

### 3.1 Agriculture sous serre : une révolution technologique

Les serres néerlandaises sont parmi les plus modernes du monde et constituent un élément central du succès agricole du pays. Grâce à des technologies avancées, elles permettent une production intensive tout en garantissant une gestion optimisée des ressources.

- Technologies avancées utilisées dans les serres

* Systèmes d'éclairage LED pour prolonger les cycles de croissance et améliorer la photosynthèse.

* Contrôle automatisé de la température, de l'humidité et de la lumière, garantissant des conditions idéales pour chaque type de culture.
* Utilisation de capteurs intelligents pour ajuster les apports en eau et en nutriments en fonction des besoins des plantes.
_ Productions principales
* Légumes : tomates, poivrons, concombres, qui sont exportés dans toute l'Europe.
* Fleurs et plantes ornementales : notamment les tulipes, un produit phare de l'exportation néerlandaise.

3.2 Utilisation de l'intelligence artificielle et des capteurs

Les agriculteurs néerlandais ont intégré des capteurs intelligents et des systèmes d'intelligence artificielle pour surveiller la croissance des plantes et optimiser l'utilisation des ressources.
Avantages des capteurs agricoles :
- Analyse en temps réel des besoins en nutriments, humidité et lumière.
- Précision accrue dans l'utilisation des ressources comme l'eau et les engrais.
- Réduction des pertes de 20 %, tout en augmentant la qualité des récoltes. Ces technologies permettent une agriculture de précision, où chaque parcelle est gérée de manière optimale pour maximiser les rendements tout en réduisant l'impact environnemental.

3.3 Économie circulaire : une approche durable :

Les Pays-Bas ont adopté une économie circulaire dans leur agriculture, visant à réduire le gaspillage et à valoriser les ressources disponibles.
_ Pratiques durables et innovantes
* Recyclage de l'eau dans les serres pour minimiser la consommation et éviter le gaspillage.
* Utilisation des résidus agricoles pour produire de l'énergie ou des fertilisants organiques.
* Optimisation des chaînes logistiques pour réduire l'empreinte carbone des exportations.
Cette approche permet aux Pays-Bas de maintenir une agriculture performante tout en respectant des normes environnementales

strictes, faisant du pays un modèle de durabilité et d'innovation agricole.

### 3. Résultats obtenus

_ Production agricole exceptionnelle :
Les Pays-Bas produisent jusqu'à 60 % de certains légumes consommés en Europe.
_ Exportation massive :
Leader mondial dans l'exportation de produits comme les tomates, concombres, et poivrons.
_ Réduction de l'impact écologique :
Agriculture durable avec des émissions de CO2 réduites par rapport aux méthodes conventionnelles.

Répartition de la production agricole aux Pays-Bas (2023)

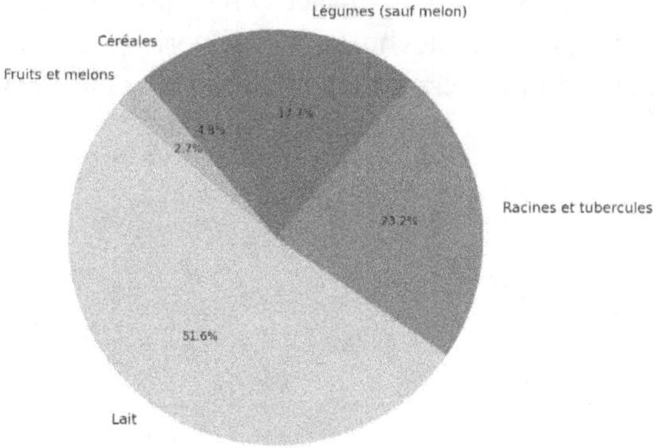


| Catégorie de production | Valeur estimée (en milliers de tonnes) |
| --- | --- |
| Lait | 14 552 |
| Racines et tubercules | 6 534 |
| Légumes (sauf melon) | 4 986 |
| Céréales | 1 355 |
| Fruits et melons | 769 |

L'Algérie peut s'inspirer du modèle néerlandais pour développer son agriculture sur des terres limitées en utilisant des techniques similaires

_ Investir dans les serres modernes :
Introduire des technologies de contrôle climatique pour maximiser les rendements dans les régions sahariennes.

_ Utiliser des capteurs intelligents :
Surveiller la santé des plantes en temps réel pour optimiser l'utilisation de l'eau et des nutriments.

_ Favoriser une économie circulaire :
Recycler l'eau et les déchets agricoles pour réduire les coûts et préserver l'environnement.

_ Diversifier les cultures à haute valeur ajoutée :
Développer des légumes exportables, comme les tomates ou les poivrons, pour cibler les marchés internationaux.

Les Pays-Bas démontrent que la technologie et l'innovation peuvent transformer même les petites surfaces en centres agricoles très productifs. En adaptant ces techniques, l'Algérie pourrait maximiser ses rendements tout en respectant ses ressources naturelles.

# CHAPITRE IV
# Analyse comparative

## Stratégies agricoles de différents pays étudiés, et leurs résultats

| Pays | Stratégies principales | Résultats obtenus |
|---|---|---|
| Pays-Bas | Agriculture sous serre, technologie avancée | 2e exportateur mondial malgré sa petite surface. |
| France | PAC, diversification des cultures, modernisation | Leader européen en production agricole. |
| Brésil | Embrapa (recherche), exportation de soja | Premier exportateur de soja et acteur global majeur. |
| Algérie | Irrigation traditionnelle, diversification en cours | Potentiel à développer pour atteindre les marchés internationaux. |

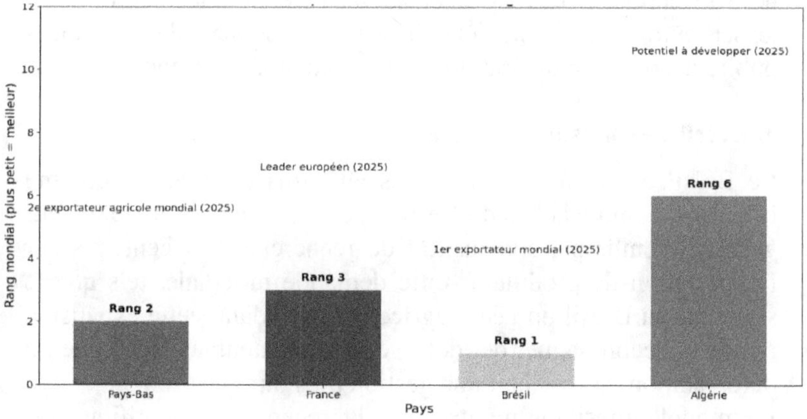

Comparaison des stratégies agricoles et leurs résultats (2025)

**1. Pays-Bas : technologie avancée**

Les Pays-Bas démontrent qu'il est possible de maximiser les rendements agricoles même sur une petite superficie grâce à l'innovation. Leur stratégie repose sur des serres ultramodernes qui permettent de produire des légumes toute l'année dans des conditions optimales. L'utilisation de l'intelligence artificielle et des capteurs optimise chaque étape du processus agricole.
Le résultat est impressionnant : les Pays-Bas sont le deuxième exportateur mondial de produits agricoles, malgré leur petite superficie. Ce modèle prouve que la technologie peut surpasser les limites physiques.

**2. France : diversité et politiques publiques**

La France, grâce à des politiques structurées comme la Politique Agricole Commune (PAC), a su développer une agriculture diversifiée et compétitive. Son modèle repose sur la modernisation des infrastructures et la préservation des terres agricoles pour la production de céréales, vin et produits laitiers. En combinant des subventions et une réglementation stricte, la France est devenue leader européen. Ce modèle illustre l'importance des politiques publiques pour soutenir et guider un secteur stratégique.

**3. Brésil : expansion agricole**

Le Brésil a transformé des terres autrefois considérées comme infertiles, comme celles du Cerrado, en un centre agricole majeur grâce à l'Embrapa, son institut de recherche. L'accent mis sur l'exportation de produits à forte demande mondiale, tels que le soja, fait du Brésil un géant agricole. Cependant, cette expansion rapide s'accompagne de défis environnementaux tels que la déforestation, nécessitant une gestion plus durable.
Le modèle brésilien montre que la recherche scientifique est cruciale pour surmonter les contraintes naturelles

## 4. Algérie : Un potentiel agricole à valoriser

L'Algérie dispose de ressources naturelles et climatiques qui lui confèrent un fort potentiel agricole, mais celui-ci reste sous-exploité. Comparée aux modèles des Pays-Bas, de la France et du Brésil, qui ont su moderniser leurs filières agricoles grâce à l'innovation et aux politiques structurantes, l'Algérie pourrait adapter ces stratégies à son propre contexte.

### 4.1 Des conditions favorables à l'agriculture

Le pays bénéficie d'une grande diversité climatique, allant du climat méditerranéen sur le littoral aux zones semi-arides et sahariennes. Cette variété permet de cultiver des produits agricoles stratégiques, tels que les céréales, les agrumes et les légumineuses, tout en favorisant le développement de cultures à forte valeur ajoutée comme les dattes, dont l'Algérie est l'un des principaux producteurs mondiaux.

### 4.2 Axes de modernisation

Pour accélérer son développement agricole, plusieurs leviers stratégiques pourraient être activés :

- Modernisation des infrastructures : Améliorer les réseaux d'irrigation et les équipements agricoles pour accroître la productivité.
- Intégration de technologies innovantes : Utiliser des techniques avancées, comme l'irrigation intelligente et les serres automatisées, pour optimiser l'exploitation des terres.
- Renforcement des filières d'exportation : Structurer le marché agricole pour positionner l'Algérie comme un acteur clé dans l'exportation des produits agricoles à haute valeur ajoutée.

### 4.3 Valorisation des savoir-faire traditionnels

En parallèle des innovations technologiques, l'Algérie peut tirer parti de son héritage agricole, notamment les systèmes d'irrigation ancestraux des oasis (foggaras), qui ont prouvé leur efficacité dans la gestion de l'eau en milieu aride. L'association entre tradition et modernité permettrait de garantir une exploitation durable et adaptée aux conditions locales.

Ainsi, l'Algérie possède les bases nécessaires pour développer une agriculture compétitive, en s'appuyant sur ses atouts naturels et en adaptant les stratégies des pays ayant réussi leur transition agricole.

RÉSUMÉ

Le tableau offre une perspective claire sur les divers modèles agricoles internationaux et leurs succès respectifs. Chacun des pays étudiés illustre une stratégie particulière :

_Pays-Bas pour la technologie avancée et l'innovation.

_France pour la diversité des cultures et les politiques publiques.

_Brésil pour l'expansion et la recherche scientifique

# CONCLUSION

L'agriculture algérienne, au cœur des enjeux économiques, sociaux et environnementaux, est un secteur stratégique qui incarne à la fois des défis complexes et des opportunités inégalées. À travers ce livre, nous avons exploré les réformes passées, les problèmes structurels, les initiatives actuelles et les perspectives qui dessinent l'avenir de ce secteur vital. En se fondant sur des données solides, des exemples concrets et des recommandations stratégiques, il apparaît évident que l'agriculture peut devenir un moteur puissant de développement durable pour l'Algérie.

*1. Synthèse des enjeux*

Cependant, atteindre cette ambition requiert une mobilisation collective :
* Renforcement institutionnel : Les autorités doivent intensifier leurs efforts pour moderniser les infrastructures agricoles, améliorer l'accès au financement et soutenir les petits exploitants.
* Adoption de l'innovation : Les agriculteurs doivent s'adapter aux innovations technologiques telles que les capteurs intelligents, les systèmes d'irrigation goutte-à-goutte et les semences adaptées, tout en intégrant des pratiques durables.
* Collaboration intersectorielle : La mise en synergie des secteurs public et privé est essentielle pour intégrer les enjeux environnementaux, économiques et sociaux, garantissant ainsi une agriculture résiliente et durable.

*2. Vision d'avenir*

L'Algérie dispose d'un potentiel immense pour devenir un acteur compétitif sur le marché agricole mondial, tout en assurant une sécurité alimentaire durable pour sa population. En investissant dans l'innovation, la recherche et la formation, et en adoptant une planification stratégique intégrée, il est possible de transformer les défis actuels en opportunités concrètes. Inspirée par des modèles internationaux réussis tels que ceux des Pays-Bas, du Brésil et de la France, l'Algérie peut construire un avenir agricole ambitieux et respectueux de ses spécificités locales.

Pour cela, l'engagement collectif est indispensable :
* Innovations : Priorité à la recherche pour développer des solutions adaptées au climat algérien.
* Valorisation des jeunes générations : Formation des jeunes agriculteurs et promotion de l'entrepreneuriat agricole.
* Exportation ciblée : Identification et développement de cultures phares, comme les dattes et l'huile d'olive, à forte valeur ajoutée sur les marchés internationaux.

*3._Un avenir prometteur*

Comme le disait un agriculteur visionnaire : « La terre est une richesse infinie pour ceux qui savent la cultiver avec respect et ambition » Ce livre se termine sur une note d'espoir, avec la conviction que l'agriculture algérienne est prête à tracer une voie lumineuse, alliant productivité, durabilité et compétitivité.
Avec une stratégie claire, des investissements ciblés et une volonté collective sans faille, l'agriculture algérienne peut devenir non seulement un pilier de l'économie nationale, mais aussi un symbole de renouveau social et environnemental. Ce chemin, bien qu'ambitieux, repose entre les mains de ceux qui croient en un avenir meilleur pour les générations à venir.

# Références bibliographiques

ABBAS K., *Rapport de synthèse sur l'agriculture en Algérie*, 2020.

AIT HAMMOU S., SAIDOUN R., *La politique de renouveau agricole et rural en Algérie et nouveau mode de gouvernance*, 2018.

ALLAIRE G. & ALPHANDÉRY P., *Modernisation agricole et tournant environnemental*, Éditions Quæ, 2025.

AMARIA B., *Regard historique sur une Algérie post-coloniale.*

BARBIER B., BENOIT-CATTIN M., *Agriculture durable et systèmes de production dans les pays en voie de développement*, 1992.

BARBUT M., *L'évolution de l'agriculture et de l'élevage traditionnel en Afrique du Nord*, Alger, 1952.

BONNEUIL C., HUMBERT L. & LYAUTEY M., *Histoire des modernisations agricoles au XXe siècle*, Éditions La Découverte, 2021.

BOUCHÈNE A., PEYROULOU J.-P., TENGOUR S. et THÉNAULT S., *Histoire de l'Algérie à la période coloniale (1830-1962)*, 2012.

BOURI C., *Les politiques de développement agricole : Impact du PNDA/PNDAR sur le développement économique*, 2010.

CABANES B., Orso Roger, Liliana Doganova, *Comment les démarches de prospective permettent-elles de penser le futur ?*, 2023.

CAZELLA A. et SENCÉBÉ Y., *Histoire agraire et politiques foncières au Brésil*, L'Harmattan, 2013.

CHEHAT F., *La politique agricole et rurale en Algérie : de la centralisation à la gouvernance*, 2015.

CNRESR (Baraki) INA, *agriculture de subsistance cas du nord titteri*, 1973.

COURNIL C. (dir.), *Les grandes affaires climatiques*, coll. « Confluence des droits », DICE Éditions, 2020.

D.A.C.C., *Les produits algériens : le cheptel algérien : son commerce, ses produits*, Alger, 1922.

DELAGRAVE J., *Techniques agricoles, tome 3, production animale*, Paris, Ed. Techniques, 1969.

DERBAL A., *Le droit foncier en Algérie : enjeux et évolutions*, 2012.

DUBOIS M. J.-F., SAUVÉE L., *Évolution agrotechnique contemporaine : Les transformations de la culture agricole*, 2016.

DULUCQ S. et ZYTNICK C., *Décoloniser l'histoire ? De l'histoire coloniale aux histoires nationales.*

FELLAH TRADE, *Production, importations et exportations agricoles des Pays-Bas*, article disponible sur les plateformes spécialisées dans le commerce agroalimentaire, 2020.

FRÉMEAUX J., *Algérie 1830-1914. Naissance et destin d'une colonie.*

GRAVIER P., *Citer des références bibliographiques juridiques*, 2017.

INSTITUT DE RECHERCHE POUR LE DÉVELOPPEMENT (IRD /Michel Janvois) : 44 boulevard de Dunkerque, CS 90009 13572 Marseille Cedex 02 France

INTERCOMPANY SOLUTIONS, *Exportations agricoles des Pays-Bas : 2e rang mondial*, disponible via Publications Néerlandaises sur l'Agriculture, 2018 mis à jour /2025.

KARSENTI T., *Vers une agriculture durable : défis et opportunités*, 2013

LACOSTE Y., NOUCHI A., PRENANT A., *Algérie, passé et présent*, Éd. sociales, Paris, 1960.

MALIKI S., *Les terres collectives et leur gestion en Afrique du Nord*, 2010.

MASSOT MARTI A., *L'Agriculture du Brésil*. Note du Parlement européen, département thématique Politiques structurelles et de Cohésion, 2008.

MIARA M., *La modernisation de l'agriculture française après 1945*, Éditions Sciences Po, 2022.

MILLEVILLE P., *Techniques des agronomes, pratiques des agriculteurs*, 2010.

MINISTÈRE DE L'AGRICULTURE ET DE LA SOUVERAINETÉ ALIMENTAIRE DES PAYS-BAS, *Contexte agricole et relations internationales des Pays-Bas*, Rapport publié par le Gouvernement néerlandais, 2021.

MUTIN G., *Décolonisation de la Mitidja.*

OFFICE NATIONAL DE LA MÉTÉOROLOGIE (ONM) - *Algérie.*

PERVILLÉ G., *Misère de l'historiographie du Maghreb post-colonial (1962-2012).*

RITIMO - Réseau d'information et de documentation pour le développement durable, *Bibliographie générale sur l'environnement*, 2021.

SABOURIN E., *L'Agriculture brésilienne en débat*, Éditions CIRAD (Centre de coopération internationale en recherche agronomique pour le développement), 2014.

SAUVÉE L., *Innovation agricole : moteur de la compétitivité*, 2016.

STORA B., *Histoire de l'Algérie coloniale. 1830-1954.*

VEYRET Y., *Changements climatiques et agriculture en Afrique du Nord*, 2008.

## STRUCTURES ÉDITORIALES DU GROUPE L'HARMATTAN


**L'HARMATTAN ITALIE**
Via degli Artisti, 15
10124 Torino
harmattan.italia@gmail.com

**L'HARMATTAN HONGRIE**
Kossuth l. u. 14-16.
1053 Budapest
harmattan@harmattan.hu

---

**L'HARMATTAN SÉNÉGAL**
10 VDN SICAP AMITIE 3
BP 45034 Dakar-Fann
direction@senharmattan.com

**L'HARMATTAN CAMEROUN**
Tsinga/Derrière polyclinique FECAFOOT
BP 11486 Yaoundé
Jacques.koukam@harmattan.fr

**L'HARMATTAN BURKINA FASO**
Villa 281, secteur 23 623, rue 14.32
Ouagadougou
zagbie@outlook.fr

**L'HARMATTAN GUINÉE**
Almamya, rue KA 028 OKB Agency
BP 3470 Conakry
harmattanguinee@yahoo.fr

**L'HARMATTAN RDC**
185, avenue Nyangwe
Commune de Lingwala - Kinshasa
matangilamusadila@yahoo.fr

**L'HARMATTAN CONGO**
219, avenue Nelson Mandela
BP 2874 Brazzaville
deunovmikhael@gmail.com

**L'HARMATTAN MALI**
Immeuble Mgr Jean Marie Cissé
Aci Hamadallaye
BP 145 Bamako
syllaka@yahoo.fr

**L'HARMATTAN TOGO**
Djidjole - Maison Amela
face EPP BATOME
02 BP 20680 Lomé
didieramela11@gmail.com

**L'HARMATTAN CÔTE D'IVOIRE**
Résidence Karl - Cité des Arts
Abidjan-Cocody
03 BP 1588 Abidjan
harmattan.ivoire@gmail.com

**L'HARMATTAN BÉNIN**
Rue 604, (Immeuble à l'entrée
de la rue UCAO- Cite de Saint-Jean)
Cotonou
stepcorpus@gmail.com


---

## NOS LIBRAIRIES EN FRANCE


**LIBRAIRIE INTERNATIONALE**
16, rue des Écoles
75005 Paris
librairie.internationale@harmattan.fr
01 40 46 79 11
www.librairieharmattan.com

**LIBRAIRIE DES SAVOIRS**
21, rue des Écoles
75005 Paris
librairie.sh@harmattan.fr
01 46 34 13 71
www.librairieharmattansh.com

www.ingramcontent.com/pod-product-compliance
Lightning Source LLC
LaVergne TN
LVHW051356061026
849535LV00009B/3215
* 9 7 8 2 3 3 6 5 5 0 5 2 7 *